Maestro di addestramento del cane

Una guida completa su come addestrare il tuo miglior cucciolo e l'addestramento del Golden Retriever spiegato

Antonio Sapelli

La riproduzione, la trasmissione e la duplicazione di qualsiasi contenuto trovato qui, compresa qualsiasi informazione specifica o estesa, sarà fatta come un atto illegale indipendentemente dalla forma finale che l'informazione prende. Questo include le versioni copiate dell'opera, sia fisiche che digitali e audio, a meno che il consenso esplicito dell'Editore sia fornito in anticipo. Ogni altro diritto è riservato.

Inoltre, le informazioni che si possono trovare all'interno delle pagine descritte qui di seguito devono essere considerate sia accurate che veritiere quando si tratta di raccontare i fatti. Come tale, qualsiasi uso, corretto o scorretto, delle informazioni fornite renderà l'editore libero da responsabilità per quanto riguarda le azioni intraprese al di fuori della sua diretta competenza. Indipendentemente da ciò, non ci sono scenari in cui l'autore originale o l'editore possono essere ritenuti responsabili in qualsiasi modo per eventuali danni o difficoltà che possono derivare da una qualsiasi delle informazioni discusse nel presente documento.

Inoltre, le informazioni contenute nelle pagine seguenti sono intese solo a scopo informativo e devono quindi essere considerate come universali. Come si addice alla sua natura, sono presentate senza garanzia della loro validità prolungata o della loro qualità provvisoria. I marchi di fabbrica che sono menzionati sono fatti senza consenso scritto e non possono in alcun modo essere considerati un'approvazione da parte del titolare del marchio.

Introduzione

Quando si porta a casa un nuovo cane o un nuovo animale domestico, si dovrebbe stabilire e iniziare una routine il più presto possibile. Più velocemente si organizzano le cose, meno problemi si devono risolvere. Ci sono diverse strategie per addestrare cuccioli o cani adulti a casa. Di seguito ci sono alcuni buoni modi per insegnare al tuo cane a fare i suoi bisogni fuori casa.

I cuccioli devono imparare quando e dove ne hanno bisogno. È la fase normale della sua vita che la maggior parte dei cuccioli supera rapidamente senza grandi problemi.

Ci sono molti modi per addestrare a casa. Alcuni proprietari cercano di addestrare i loro cani usando giornali e panni assorbenti quando sono piccoli, e insegnare loro ad uscire quando crescono.

I metodi innovativi per i cani di piccola taglia includono l'uso della sabbia. Quando si usa la sabbia, i cuccioli o i cani (fino a 15 kg) possono essere facilmente addestrati. C'è cattivo tempo ed è mezzanotte per evitare di trovare sporcizia in posti indesiderati. È anche una buona scelta per gli abitanti degli appartamenti.

Sia che tu decida di allenarti dentro o fuori casa, devi stabilire una routine il prima possibile. Più si lascia durare l'azione, più sarà difficile cambiare.

Il tempo richiesto è variabile. Applica degli orari, stabilisci dei limiti sui siti scaricabili, stabilisci degli ordini verbali, e congratulati e usa la casa di addestramento per tracciare i progressi nel tempo. Se non ci sono progressi, consulta un veterinario, un addestratore di cani qualificato o uno specialista del comportamento del cane.

- Idealmente, si dovrebbe fare l'allenamento a casa insieme all'allenamento a casa.
- Stabilisci un posto all'esterno per soddisfare le tue esigenze. Questo evita l'indecisione mentre si cammina.
- Quando il cane pensa di dover uscire (dopo l'addestramento, mostra segni di annusare il pavimento, piangere, cercare la porta), porta il guinzaglio al posto che gli è stato insegnato.
- Quando il tuo animale ne ha bisogno, seleziona con calma frasi come "pipì" o "esci". Festeggiate il cane e dategli un biscotto quando ha finito. Con il tempo, assocerà queste parole alle sue azioni e manterrà un cane che obbedisce agli ordini.
- Controlla il più possibile il tuo animale durante il periodo di addestramento. Se inizia a urinare davanti a te, interrompilo e portalo nel posto giusto. Premiatelo per aver fatto i suoi bisogni nel posto giusto.

- Attraverso la ripetizione, il cane sa che c'è un buon posto per scaricare e notifica quando deve essere scaricato.

- Mantieni un programma regolare di alimentazione ed evacuazione. Segui la tua routine in modo che il tuo cane soddisfi i tuoi bisogni circa 15-30 minuti dopo aver mangiato.

- Durante questo periodo il cane dovrebbe essere in casa o sorvegliato. I cuccioli e i cani giovani dovrebbero essere evacuati immediatamente dopo i pasti.

Dato il suo aspetto è ovvio che ha una stretta relazione con i bulldog. Nonostante le sue piccole dimensioni è un cane di costituzione robusta. Ciò che più risalta della sua anatomia è la grande testa piatta con orecchie erette, il naso piatto circondato da pieghe e anche le pieghe concentriche sulla fronte. Le zampe sono corte e muscolose e la coda è amputata. Il pelo morbido è corto e lucido, con un colore grigio-grigio, occasionalmente con macchie bianche sul petto e/o sulla testa. Può anche essere bianco con macchie nere.

Educando il tuo Golden Retriever lo aiuterai ad essere un cane felice ed equilibrato, imparerai a comunicare, ad essere una squadra... Vi divertirete un sacco di cose insieme!

Ti piacerebbe liberare il tuo cane nel parco e sapere che andrà alla prima chiamata? La tua corsa non sarebbe migliore se il bambino non tirasse la cinghia come un matto?

Lo scopo dell'addestramento è quello di insegnare al tuo Golden Retriever gli ordini di base come sedersi, sdraiarsi, non tirare il guinzaglio e venire al richiamo.

Non vogliamo "cani robot" ma cani che capiscano... e soprattutto che si divertano a lavorare, giocare e imparare con noi. L'addestramento è di solito un divertimento!

Pertanto, educare il Golden Retriever fin da piccolo può insegnargli a comportarsi bene per essere un buon cittadino in futuro.

E non solo... abbiamo anche la possibilità di convertire in qualcosa di più del suo leader: IL SUO MIGLIORE COMPAGNO.

Qualsiasi età è buona per iniziare a fare squadra con il tuo cane!

Questa razza di cane compatta si distingue per una faccia piatta e per le naturali "orecchie da pipistrello" che sono larghe alla base e appuntite all'estremità. I francesi sono nati in Inghilterra ma hanno ottenuto il loro nome come Bulldog francesi in Francia perché sono stati in gran parte presi dai fabbricanti di merletti che si sono trasferiti in Francia durante il culmine della rivoluzione industriale. I bulldog francesi sono allevati da

Bulldog e Terrier e l'aggressività canina può verificarsi a volte. Sono imparentati con il bulldog in Inghilterra e il bulldog in America.

Il peso dei Bulldog francesi può variare da 22-28 libbre; l'altezza è tra 11-13 pollici, fino al gomito. Tipicamente il mantello è sottile, lucido, morbido e finemente strutturato ed è disponibile in una varietà di colori come il fuso, il pezzato o il fulvo. I nomi delle razze canine sono divisi in diversi tipi di cani che sono chiamati Gruppi di cani. Il nome del gruppo canino dei Bulldog francesi è razza di cane non sportivo.

La comparsa dei bulldog di razza francese è stata introdotta solo nel XIX secolo. Il costo totale medio di possedere un cane di taglia media per un periodo di 10 anni è di oltre 13.000 dollari! Questo dà una buona idea di quanto costino i bulldog francesi da allevare. I Bulldog francesi sono una delle razze di cani più costose da acquistare e mantenere. Sono dispettosi e amano correre. Per la loro essenza la cattiveria non passa mai di generazione in generazione.

I Bulldog francesi amano molto mangiare. Non gradiranno nessuno intorno a loro mentre mangiano. Sembra che anche noi dormiamo troppo! Possiamo essere dei buoni cani da guardia, ma i Bulldog francesi non guardano e non amano affatto l'acqua. In realtà odiano andarci vicino. La maggior parte dei Bulldog francesi non sono in grado di immergersi a causa delle loro piccole gambe e delle loro grandi teste. Il Golden Retriever non ha colori "rari". Se un colore del mantello dei Francesi è qualcosa di diverso dai colori specificati nello Standard di razza, allora non è conosciuto come raro.

Se un Frenchie non è ben educato può essere testardo e testardo, possono diventare gassosi, pigri e surriscaldati rapidamente. Quando sono incoscienti russano e sembrano sbavare. Sono anche considerati avere una serie di problemi di salute. Ecco perché possono essere piuttosto costosi e tendono a richiedere l'intervento di un veterinario più del solito. Abbaiano solo quando hanno qualcosa da avvertire, e questo include avere un intruso in casa. I bulldog francesi sono anche ben temperati e di solito sono ben addestrati.

COSA IL GOLDEN RETRIEVER

Un allegro Golden Retriever è un meraviglioso compagno di cani. Il francese può essere adatto al tuo stile di vita se stai cercando le seguenti caratteristiche:

- Compagno affettuoso e cane di famiglia
- Uniforme; adattabile a un'ampia varietà di ambienti
- Piccolo ma robusto
- Richiede un esercizio minimo

- Personalità strana e interessante
- Dolce, giocoso e amichevole

Tuttavia, considerate anche le seguenti caratteristiche:

- Cani da interno che non lavorano a causa del calore
- Può essere territorio per animali domestici e altri cani
- Lasciando troppo mostrerà segni di ansia da separazione
- Può russare, russare, fare molti suoni di affanno, russare
- Allenarsi in casa può essere difficile
- Se non dimostri una forte leadership, sei ambizioso e testardo

Una razza Golden Retriever, è comica, vivace e prospera nelle relazioni umane. Con esigenze atletiche minime e una bassa tendenza a barcamenarsi, è perfetto per la vita in appartamento.

I bulldog francesi sono derivati dai bulldog inglesi quando furono trasferiti in Francia nel 1800. Da allora, questa varietà è fiorita come un amato compagno.Il francese è riconosciuto per le sue orecchie a pipistrello e il naso corto e rugoso. Tende ad essere curiosa e prosperosa e leggera di carattere, ed è nota per essere un clown di classe. Ha spesso attacchi sporadici di energia, osservati da un riposo prolungato. È leale e affettuoso e non ama essere lasciato solo in casa. I bulldog francesi sono generalmente delle razze sane con una vita media di 11-12 anni.

Quando si fanno piani per tenere un cane, è necessario tenere a mente l'insieme che deve fare in futuro. Ovviamente, per qualsiasi addestratore di cani, si vuole mantenere un cane in un'età molto giovane. In questo modo, si può addestrare come si vuole. Tuttavia, è molto vantaggioso rendersi conto che alcuni cani sono meno difficili da insegnare di altri, anche sotto certe circostanze.

Questi cani sono bulldog francesi. I bulldog francesi sono probabilmente uno dei cani più facili da addestrare grazie al loro temperamento. Tendono a interagire molto bene con i bambini, rendendoli l'animale domestico più ideale da tenere in casa quando si hanno bambini. Sono soprannominati come clown del mantello del filosofo per i loro volti piatti che nascondono il tipo di temperamento che hanno. Sono molto facili da frequentare e non hanno bisogno di molte attenzioni se non quella di nutrirli, portarli a spasso o dargli la giusta dose per crescere bene. Come i bulldog di famiglia, hanno una faccia piatta simile, un fisico robusto e muscoloso e una bassa statura. La differenza è nell'orecchio. Le loro orecchie da pipistrello hanno un aspetto diverso dagli altri tipi di pipistrelli.

Se hai questo cane e vuoi addestrare un bulldog francese, devi ovviamente addestrare quando sei giovane. Questi cani sono molto sensibili all'ambiente circostante perché possono vivere solo in un ambiente di tipo familiare. Infatti, hanno polmoni molto sensibili e il fumo proveniente da qualsiasi parte della casa può facilmente danneggiarli. Se vuoi assicurarti che il tuo Golden Retriever rimanga in salute, devi smettere di fumare. Oppure, se non puoi smettere, disponi di un'area fumatori dove il tuo cane non può andare.

Anche i bulldog francesi tendono a comportarsi in modo diverso, di solito a seconda delle persone con cui si trovano. Addestrare un Golden Retriever in un ambiente con bambini mostra che il cane è sempre in una posizione attiva e giocosa. Tuttavia, addestrare un Golden Retriever negli anziani intorno a una casa che tende a rilassarsi nel pomeriggio da solo, può indurre il cane a fare lo stesso.

Capitolo uno

A proposito di un cane

I cani sono di solito buoni compagni per tutti in casa, ma soprattutto per i bambini che sono più interessati ad avere un animale domestico, poiché porta molti benefici per loro e anche per tutta la famiglia. Ma conosci i rischi di avere un cane?

I cani, anche se non ci credete, hanno la possibilità di manifestare un importante accumulo di rischi, che possono essere aggravati secondo l'igiene che mantenete, oltre al luogo dove tendono a stare la maggior parte del tempo.

Vantaggi e svantaggi di avere un cane da compagnia

VANTAGGIO

Avere un cane da compagnia ti aiuta a rimanere in forma, perché quando lo porti a spasso puoi fare esercizio.

Incontrare persone, perché quando si esce molte persone portano i loro animali a fare una passeggiata e possono condividere interessi, idee e opinioni.

Aiutano contro la depressione grazie al grande amore che professano ai loro proprietari senza malizia.

Migliorano la circolazione del sangue, impedendoti di avere problemi cardiovascolari.

Sono un grande supporto contro la depressione, per questo motivo sono una grande compagnia in quei momenti di maggiore ansia e tristezza.

Offrono compagnia e sicurezza in ogni momento, al punto di sentirsi protetti.

Ti immunizza contro qualsiasi tipo di allergia oltre a darti molto amore, affetto e comprensione.

SVANTAGGI

La cosa principale da prendere in considerazione e che non deve essere vista come uno svantaggio, è la cura e l'attenzione che si dovrebbe professare.

Se li tieni in casa, la pulizia e l'igiene dovrebbero essere più profonde, quindi dovresti prestare attenzione a questo, con quello che troverai: Urina, feci, peli sciolti, grasso sul pavimento per il cibo.

Tempo che dovreste dedicare, soprattutto quando li portate fuori per una passeggiata, oltre a non lasciarli soli la maggior parte del tempo.

Pensare che è una spesa in più da avere per l'alimentazione, gli strumenti per la sua pulizia, i vaccini, le medicine oltre alle spese mediche che si devono avere.

Prendere in considerazione gli aspetti medici

Dovete prendervi cura della salute degli animali, soprattutto degli animali domestici che avete in cura soprattutto nei momenti in cui avete bisogno di un'emergenza medica o decidete di sterilizzare il vostro animale domestico, in modo che non ci siano problemi o complicazioni nella vostra salute.

Oltre a tutto questo, oltre a fare l'intervento precoce vi aiuta a non avere più cuccioli o in mancanza di questo, in modo che il vostro animale domestico non ha in tutta la sua vita, migliorando aspetti che possono essere abbastanza mortale per il vostro organismo, per questo motivo tenere in dire questo.

I cani in strada e i rischi

Molte volte anche se non ci credete, abbiamo contatti con animali domestici che sono o sono in una situazione di strada e anche a piedi con i loro proprietari, quindi a causa di questo si deve pensare che ci sono alcune misure di sicurezza che è necessario stabilire e conoscere quando si incontrano uno.

Queste indicazioni vi faranno sentire più fiduciosi e sicuri che non vi succederà nulla, se fate le indicazioni o le prendete alla lettera, quindi tenetele a mente per evitare rischi di qualsiasi tipo se vi trovate a un certo punto con un cane per strada:

Se il cane è con il suo padrone, si dovrebbe chiedere prima di accarezzarlo, poiché molte razze non sono influenzate dagli estranei e sono sospettose, se non sono state socializzate.

Quando incontrate un cane per strada e dovete passargli accanto, fatelo lentamente e con cautela soprattutto se si sono persi per i loro proprietari, e avete la possibilità di aiutare a salvarlo.

Non dovreste andare direttamente a toccarlo, poiché molte volte possono essere aggressivi o non amano essere toccati da estranei e finiscono per mordervi.

I bambini dovrebbero essere costantemente sorvegliati dai loro genitori, poiché per istinto vorranno sempre toccare un peloso che attira immediatamente l'attenzione.

Se i bambini giocano vicino a un cane, bisogna tenere a mente che non bisogna lasciarli soli, né tantomeno avvicinarli se il cane non è con il suo padrone.

Cani e cibo

I cani quando mangiano sono generalmente sospettosi del cibo che stanno mangiando, quindi tenete conto della possibilità di non toccarli, di mettere le mani nella ciotola del cibo o di non toglierle mentre si nutrono.

Oltre a tutto questo, bisogna essere avvertiti e dire ai bambini di allontanarsi mentre il loro animale sta mangiando, molte volte anche se non si pensa che i cani più amichevoli, trasformano la loro personalità in modo aggressivo quando vedono che toccano il loro cibo.

È importante tenere a mente tutti i tipi di segnali e allarmi che ci dicono di evitare incidenti, disagi o problemi con il vostro animale domestico; Mordere voi o un membro della famiglia, e attraverso questo avere problemi di salute, anche evitare abusi contro il cane, dal momento che non è colpa vostra.

Cani che sono minacciosi

I cani che sono aggressivi, di solito si vedono con le loro azioni o il loro modo di essere, per questo motivo si dovrebbe essere consapevoli se in qualsiasi momento ci si sente minacciati da qualcuno di loro, soprattutto se sono in strada senza la compagnia dei loro proprietari o in situazione di strada.

Distogliere immediatamente lo sguardo, in modo che non si senta minacciato da voi e se è possibile cercare di passare di lato in modo che non pensi che state per attaccarlo; Se il cane è con il suo padrone è probabile che lo tenga al guinzaglio e non lasci che vi succeda nulla.

Oltre a tutto questo, i cani che sono PPP, devono portare una museruola oltre al guinzaglio, mentre camminano in strada, questo per evitare incidenti; così il rischio di essere morsi da un cane che ha il suo proprietario accanto è minore rispetto a uno che vive in strada.

Misure per evitare rischi con i cani

- Ritirarsi senza correre dal lato del cane.

- Non guardarlo negli occhi.

- Girati di spalle, per non sentirti minacciato e mostrare indifferenza.

- Non fare gesti che implichino qualsiasi segno di colpire o forse di disturbare il cane.

- Non spaventare il cane, soprattutto se è seduto o sdraiato, perché può essere messo in guardia e con sintomi di aggressività.

Ci sono azioni che possono essere viste come aggressive per i cani e che si dovrebbero evitare, come ad esempio:

- Corri.
- Salta mentre urli.
- Pattinaggio ad alta velocità
- Andare in skateboard o in bicicletta.
- Svegliarlo inaspettatamente.

Il cane è calmo per natura, ma se è infastidito o pensa di essere picchiato, può reagire violentemente, non importa se la vostra azione è innocua, se il cane crede il contrario.

Risvegliare l'istinto del cane

Il cane può essere aggressivo se viene incoraggiato a farlo, per questo una delle cose da evitare è quella di disturbarlo quando è tranquillo oltre a provare paura attraverso chiunque, che lo mette in allerta ed è in grado di diventare violento in questo modo.

Oltre a tutto, se corri puoi far sì che l'istinto ti insegua, tenendo conto che hai disturbato e risvegliato quella forma selvaggia che conservano dai loro antenati inseguendoti come una diga, con la capacità di morderti.

Il disagio spesso ha conseguenze gravi, quindi considera la possibilità di stare lontano dai cani che hanno certi atteggiamenti contro quelli che mostrano ansia, paura, nervosismo o eccitazione.

I rischi di avere un cane e la salute

I cani possono diventare trasmettitori di malattie all'uomo, che si manifestano attraverso diversi problemi che colpiscono la salute, ma senza essere fatali, ma con sintomi che di solito sono fastidiosi e anche gravi.

Alcune delle malattie più comuni dei cani possono essere innocue negli esseri umani come il cimurro tra gli altri, che di solito non sono infettivi per le persone; Tuttavia, ci sono

parassiti e batteri che infettano i più vulnerabili, che di solito
sono:

- Bambini.
- Donne incinte.
- Anziani.
- Bambini che ancora non camminano.
- Persone con sistema immunitario compromesso.

Malattie che possono essere trasmesse dai cani
I cani, come gli animali domestici, trasmettono diverse malattie
all'uomo, tra le quali si possono menzionare le seguenti.

Campylobacter

Si tratta di una malattia o infezione trasmessa da un batterio che
il cane può avere nel sistema digestivo, entrando nel corpo
umano essendo in contatto con acqua contaminata o le feci di
animali domestici che presentano i seguenti sintomi:

- Dolore addominale.
- Febbre.
- Diarrea.
- Influenza intestinale.
- Morsi o graffi

Quando si gioca con gli animali domestici, di solito si riceve un morso involontario, e si ottiene un'infezione a causa di un batterio che può essere raccolto dal terreno di qualsiasi parte in cui sono in contatto con esso, con conseguente sintomi come:

- Gonfiore dei linfonodi
- Febbre.
- Mal di testa.
- Stanchezza o ansia
- Mal di testa.
- Rabbia

Quando un cane ha questo tipo di condizione e morde un umano, si manifestano diversi sintomi nel corpo che possono essere:

- Sbavo frequente
- Febbre alta.
- Spasmi e perdita di sensibilità alle estremità.
- Non può inghiottire il cibo.
- Iperattività e nervosismo.

Altri animali sono trasmettitori di rabbia, e non si può necessariamente ottenere dal vostro cane domestico, come animali domestici, procioni, ratti, pipistrelli, volpi tra gli altri, quindi è necessario assicurarsi che non è il vostro cane che vi ha infettato.

TOXOCARIASI

Questo tipo di infezione o si può ottenere quando in contatto con le feci dei cani, per questo motivo è essenziale che si estrema pulizia e igiene della vostra casa soprattutto nei luoghi dove il vostro animale domestico di solito fa il suo bisogno o che di solito è sempre sdraiato.

La toxocariasi si manifesta attraverso uova non schiuse che raggiungono l'intestino della persona, provocando i seguenti sintomi:

- Febbre alta.
- Tosse.
- Crescita del fegato, che deve essere monitorata immediatamente.
- Ghiandole gonfie
- Mal di testa.
- Indebolimento
- Rash sulla pelle.

È importante tenere a mente se avete bambini piccoli, non dovreste lasciarli giocare e luoghi dove c'è terra in luoghi pubblici, perché possono ottenere diversi tipi di malattie anche se non sono in contatto con un cane, quindi la prevenzione gioca un ruolo molto importante in questo .

Si dovrebbe tenere a mente che avendo conoscenza della diagnosi di questa malattia, andare immediatamente a un centro di salute e quindi evitare che le larve possono raggiungere gli occhi, che può causare la perdita definitiva del senso della vista nella persona.

Capitolo Secondo
Preparazione per l'addestramento del tuo cucciolo

Addestrate il vostro cucciolo a soddisfare le vostre esigenze.

Stai pensando di tenere un cucciolo? Vuoi avere un cucciolo che si comporti meglio? Vuoi avere un cucciolo che soddisfi le tue esigenze invece che i tuoi bisogni?

Oggi ci sono molte tecniche e tattiche per addestrare il tuo cucciolo. È importante indagare e scoprire ciò che è meglio per voi e per il vostro cucciolo.

Preparazione per l'addestramento dei cuccioli

1) Scegli un cucciolo adatto al tuo stile di vita.

Le razze di cani sono considerate le più diverse di tutti gli animali. Questo perché secoli di duplicazione. Ogni razza è diversa e non solo un cane si adatta al vostro stile di vita. Per illustrare questo, Jack Russell Terrier non è una buona opzione per il vostro cane se vi piace molto. Questi cani sono costantemente bar e hanno un'energia enorme.

I bulldog possono invece soddisfare le vostre esigenze. A loro piace stare in giro con gli allenatori tutto il giorno. Informati prima sulla personalità e le esigenze di cura della razza. Chiedi alle persone che conosci con il tuo cane qual è la loro razza.

Poiché la maggior parte dei cani vive fino a 10-15 anni, tenere un cane è considerato un impegno a lungo termine. Inoltre, il temperamento della razza è un fattore importante e devi assicurarti che si adatti al tuo stile di vita. Se non hai una famiglia tua, sii consapevole che avrai dei bambini nelle vicinanze per i prossimi 10 anni. Tieni presente che alcune gare non sono adatte a famiglie con bambini.

2) Non tenere un cane ambizioso.
È importante essere onesti con voi stessi su come un cane può adattarsi al vostro stile di vita. Dimenticate di tenere un cane che ha bisogno di lavorare tutto il giorno. Quindi, aggiungi questo elemento di avvio rapido quando cerchi un motivo per avere uno stile di vita più sano. Se non riesci a stare al passo con l'energia del tuo cane, entrambi diventano frustrati.

Prendi un pezzo di carta e scrivi i bisogni e il temperamento che sia tu che il tuo cane avete bisogno. Se trovi che questo processo richiede troppo tempo e sforzo per apportare cambiamenti, scegli una razza diversa.

3) Dai al tuo cane un nome pratico.
Il tuo cane ha bisogno di ricordare il suo nome velocemente e facilmente. Perché lo aiuta a mantenere l'attenzione durante il processo di addestramento del cane. Il nome che dai al tuo cane deve essere chiaro, potente e abbastanza forte da essere facilmente riconosciuto dal cane. Usa i nomi dei cani ogni volta che è possibile, ad esempio per tenere gli animali domestici, per l'addestramento o per giocare.

Il cane ricorda il suo nome quando vi vede dicendo il suo nome. È un'ottima pratica avere una relazione positiva con il suo nome. In questo modo, ogni volta che dite quel nome, il cane si concentrerà su di voi. Dagli un tesoro quando risponde al suo nome.

4) Programmare abbastanza tempo per l'allenamento.
Prepara una sessione di addestramento del cane due volte al giorno per un massimo di 20 minuti. È importante capire che i cuccioli hanno una breve capacità di attenzione e si annoiano facilmente. Pertanto, potrebbe essere necessario un po' più di tempo.

Un altro aspetto interessante che dovresti tenere a mente è che l'addestramento è stato fatto durante il giorno ogni volta che hai interagito con il tuo cane. Impara ogni tipo di azione che esegui mentre interagisci con lui/lei. È importante capire questo perché il tradimento del cane si verifica quando il proprietario permette al cane di fare ciò che vuole, compreso il cattivo comportamento al di fuori della sessione di addestramento.

5) Preparare lo stato mentale della sessione di allenamento.
Sii calmo e nervoso quando fai una sessione di allenamento con il tuo cane. D'altra parte, l'agitazione e l'esclusione influiranno sicuramente sul risultato della sessione di allenamento. Dovresti attivare i comportamenti buoni del tuo cane e non quelli cattivi, questo è ciò che dovresti sempre tenere a mente. Produrre un cane molto ben addestrato richiede molta determinazione e convinzione.

6) Selezionare l'attrezzatura appropriata.
Per iniziare, avrete bisogno di una cinghia da 6 piedi e un collare piatto e uno snack. Altre attrezzature speciali devono essere approvate da un addestramento per cani certificato, quindi controllane uno prima di aggiungere un altro elemento alla tua sessione di addestramento del cane.

Addestramento e gioco dei cuccioli: l'importante socializzazione

La socializzazione del cane è qualcosa di molto importante sia per l'umano che per lo stesso animale che spesso è visto come il più colpito quando non è portato con un membro della famiglia perché sono uguali alle persone in molti aspetti.

Quando il cane ringhia e abbaia insistentemente a una persona, significa che quella persona non cade in alcun modo hanno anche un sesto senso che indipetes quando una persona non è sincera o viene con seconde intenzioni a voi o non dimostra la sincerità corrispondente .

È importante che tu stia attenta a questo perché lui è fedele e ti ama perché sei il suo migliore amico quindi devi capirlo quando questo accade, è nel suo istinto di prendersi cura di te stesso che può anche sentirsi geloso se non gli presti la massima attenzione quando c'è un'altra persona.

Questo può influenzare il tuo modo di essere imbronciato e lunatico, se l'hai usato per qualcosa, dovresti farlo sempre e non cambiare la tua routine perché ti influenza molto perché puoi arrivare a confonderlo in quel modo e far cambiare anche il tuo carattere.

UN COMPAGNO IDEALE

Per molti versi il cane è il miglior compagno, oltre che il miglior amico che si possa avere, perché vi seguirà ovunque andiate ed è sempre disposto a compiacervi in tutto ciò che volete, purché lo includiate nei vostri piani.

Nonostante questo, c'è sempre la possibilità che lui voglia stare con voi in qualche momento e voi non abbiate tempo per lui, il che può tradursi in una tristezza che potete infondere in lui essendo che ha bisogno di molto amore e di più se vi siete abituati.

Non cercate di cambiarlo perché lui è nato con la sua filigrana che è il carattere così come voi che lo mettete in risalto molte volte se non gli piacciono alcune cose che state facendo rimproverandolo con gli occhi, urla, salti o anche capricci.

INCONTRARE LE PERSONE INTORNO A TE

Affinché un cane sia socievole con le persone che vi circondano, dovete insegnargli fin da piccolo le rigide regole con cui deve comportarsi, altrimenti non riuscirete a cambiarlo dopo che sarà cresciuto quando avranno preso da soli un comportamento un po' faticoso.

Inoltre, dovreste lasciarlo socializzare con altri animali come con persone che non sono molto vicine al raggio del vostro ambiente o vicine a voi, potendo avere la possibilità che nelle sue passeggiate possa entrare in confidenza con persone sconosciute e persino lasciarsi toccare da loro.

Ci sono modi per insegnargli a socializzare se lo vedi passare tutto il suo tempo da solo, anche i cani sono tristi, soli, felici tra i tanti sentimenti e se si sentono soli dovresti considerare di portarlo in un posto dove può stare con altri della stessa stirpe.

Molte volte la solitudine può creare potenti sentimenti di egoismo, unico e non essere toccato da nessuno, ma anche cercando di mordere ciò che si dovrebbe evitare se si vuole veramente avere lui come amico, dal momento che questo può influenzare voi e lui .

FARE COMUNIONE CON ALTRI CANI
È molto importante che i cani abbiano comunione con altri della stessa specie, non devono essere circondati da umani tutto il tempo perché molte volte dentro di loro hanno una sorta di lotta interna che li porta a deprimersi per qualsiasi cosa.

Hanno il loro cuore e le loro idee su cosa comporta cercare un partner con cui dialogare, giocare, fare scherzi, se lo fai con i tuoi compagni di classe, perché non farlo con quelli della stessa specie? Tenetelo a mente quando vedete il vostro cane negli occhi.

Nonostante quello che si pensa i cani comunicano con altri della stessa specie, quindi si dovrebbe essere consapevoli di aiutarvi a interagire con gli altri fin dalla tenera età che, pur essendo molto territoriale, può avere la possibilità di mantenere amicizie per tutta la vita sia umano che cane.

Ricordate che ci deve essere molta comunione oltre all'intesa fin dalla più tenera età tra di loro affinché il cane possa rimanere molto corretto, amichevole e felice tra gli altri della stessa specie, ma se è stato allevato a parte e si deve dargli solo il tempo di abituarsi.

INSEGNARE MANIERE E ORDINI SPECIFICI
Affinché ci sia un vero sentimento di amicizia tra umani e cani bisogna portarlo fin da piccolo in luoghi affollati dove le due specie stanno insieme e imparare a socializzare tra loro e con gli altri, in modo che sia amichevole.

Cosa succede se lo tieni incerottato e senza vedere persone o altri animali? Al momento di uscire sarà messo in guardia e vorrà mordere o combattere con tutti nell'ambiente in cui si trova, quindi è un consiglio che fin dall'infanzia portarlo fuori a passeggiare nei parchi o in altri luoghi dove si fraternizza.

Aiutarlo a dare un insegnamento secondo la sua razza secondo la dimensione anche in modo che si desidera se come un cane da compagnia o guardia ci sono differenze che possono farvi vedere come uno di loro tra loro è il modo di edupete lui.

I SENTIMENTI DEL CANE
Nonostante appaia banale e ripetitivo, il cane è l'animale più intelligente e molto simile all'essere umano, perché è noto che ha sentimenti come le persone, quindi dovresti considerare di non spezzare il tuo cuore.

Se avete intenzione di dargli amore, dovreste darglielo senza restrizioni perché molte volte si può trovare depressione, tristezza, dolore e persino gelosia quando si accarezzano altri cani o se vi vedono o sentono che state dando più importanza alle persone che avete intorno.

Essi, al contrario, ti danno tutto il loro amore e affetto, a quella persona che offre la loro amicizia e affetto, essendo fedele per il resto della loro vita cane, che come si sa è necessario moltiplicare la loro età con voi per sette e si deve fare La tua vita piacevole, felice e tranquilla.

LA COMPAGNIA TRA I CANI

I cani hanno anche un sentimento e un valore che è la compagnia, che nasce con loro dal momento in cui arrivano nel mondo, se avete due cani da piccoli andranno sempre molto d'accordo e se avete uno grande e poi un altro prende, Ma si amano sempre.

È importante che tu tenga a mente che la compagnia si ottiene sempre strofinandosi l'un l'altro e che poco a poco è vincente e niente di forzato può arrivare a qualcosa di buono, devi solo lasciar scorrere l'atmosfera tesa e alla fine saranno grandi amici.

Sono teneri e si dovrebbe tenere a mente che hanno anche un piccolo cuore che danno ai membri di una famiglia allo stesso modo, essendo che sono alla pari con le persone e che rimarranno sempre al vostro fianco per quel senso di lealtà che hanno .

Pertanto, non cercate di cambiarli in qualsiasi momento, date loro solo ciò che vogliono, purché sia per il bene della loro vita, cercate anche di obbedirvi senza doverli colpire o rimproverarli, non sarà che congelate i loro sentimenti e si sentono tristi.

C'È AMICIZIA TRA CANI

Se ti fai questa domanda, la risposta è positiva, i cani hanno amicizie tra di loro e come te incoraggiano l'amore, la lealtà, l'affetto, la solidarietà e la compagnia tra di loro, cosa che vedi ogni giorno se ne hai più di uno in casa.

Se porti qualcun altro a casa tua, ci sarà sempre una certa indifferenza e gelosia all'inizio che si risolverà con il tempo, arrivando a vederli correre e giocare insieme sempre come i migliori amici che conoscono da una vita o venendo meno ai fratelli con i quali sono sempre contati.

Insieme rimangono uniti, dopo aver raggiunto un certo grado di amicizia, anche se si sono conosciuti di dimensioni più grandi che se fossero cuccioli, ma nonostante questo arrivano anche ad amarsi e ad apprezzarsi per tutta la durata della loro vita.

Cos'è l'amicizia tra cani? Una vera e sincera perché sono uniti e danno la vita per l'uno e per l'altro anche per i propri padroni, quindi vale la pena avere un cane nella propria vita per sentire che c'è vero amore tra animali e persone.

LA PREOCCUPAZIONE TRA I CANI

I cani tendono anche a preoccuparsi e di più quando i loro compagni o i loro padroni si sentono male, poiché a parte arrivano a intuirlo, così veloce che cercano con tutti i mezzi di alzarsi aiutandoli e rimanendo con loro per stare insieme.

È importante riconoscere che sono la cosa più vicina a una famiglia che avete, quindi dovete averli sempre insieme ed evitare loro tante antipatie, rabbia e anche preoccupazioni perché possono ammalarsi e smettere di mangiare e persino morire con un sentimento di questa portata.

Inoltre, quando si sentono preoccupati di solito si accoccolano vicino alla persona o al cane che ha un turbamento sperando che con questo possano arrivare a sentirsi bene e migliorare per avere la possibilità di continuare a giocare, correre ed essere felici come lo sono una coppia di amici segugio.

I cani sono i migliori e fedelissimi amici dell'uomo, quindi cercate quello che più assomiglia al vostro modo di essere e adottatelo in modo da sentire le meraviglie di un amore immenso che queste creature possono darvi, tanto da riempire la vostra vita quotidiana.

UN CANE GIOCOSO È UN SIMBOLO DI FELICITÀ
Quando un cane è socievole e felice ha i suoi sintomi nel suo modo di essere, poiché viene a giocare tutto il tempo, corre con i suoi compagni e cerca anche di farvi partecipare alla sua felicità entrando nel gioco con loro che li mette più ancora felici.

Nella maggior parte dei casi, il tuo cuore accelera così tanto che lo senti battere ad alta velocità quando lo prendi in braccio, trabocca di gioia e ti mostra anche che ti ama leccandoti il viso e la faccia e spesso ululando e gridando di emozione.

Cerca di confortarlo e di smettere di piangere in modo che non li colpisca così tanto perché quella forma di espressione può fargli male e ancora di più se sono piccoli, cerca di giocare con loro, fagli passare la mano sul suo corpo oltre a baciarlo e parlargli in modo rassicurante e amorevole .

La socializzazione del tuo cane è vitale

Accade spesso che troviamo casi di cani che ignorano i loro proprietari, con problemi quando interagiscono con altri cani anche con altre persone, o che non hanno imparato a camminare con il loro guinzaglio e generare tutti i tipi di comportamenti fastidiosi a voi e gli altri.

Uno dei fattori principali che influenzano questi comportamenti indesiderati è il proprietario che non si è preoccupato di socializzare il suo cucciolo. Bene, per coloro che hanno appena messo un cucciolo in casa o se avete un cane adulto e non vi siete mai preoccupati di questi problemi, vediamo come risolvere la questione nel miglior modo possibile.

Perché socializzare il tuo animale domestico

La prima cosa è che se vi prendete cura di un cane, (non importa di che razza sia) dovete assumervi la responsabilità del suo benessere fisico e mentale da quando arriva a casa. Il vostro nuovo amico deve adattarsi a vivere con voi e nel vostro nuovo ambiente: la vostra casa, il quartiere, i parchi della zona e tutti i tipi di persone e situazioni di routine nel loro giorno per giorno.

Questo è il motivo per cui socializziamo i nostri animali domestici canini, in modo che imparino a interagire nel loro nuovo ambiente e con i loro nuovi vicini. È valido per qualsiasi cane, da un Whippet, a uno Scottish Terrier.

Questo processo è obbligatorio e molto facile. Non farlo potrebbe portare a problemi comportamentali, paure, stress e ansia, per cui non finiscono per essere felici o adattarsi al loro nuovo ambiente. Questo può essere molto frustrante. D'altra parte, un cane ben socializzato si sviluppa in un ambiente senza paura e cresce felice e sano, sentendosi parte della tua famiglia e in un contesto sicuro.

Così diventano molto obbedienti e sanno come affrontare tutti i tipi di situazioni nella vita quotidiana con te, altre persone e animali. Dai, se vuoi che il tuo cane cresca sano, felice e ben adattato a ciò che lo circonda, dovresti socializzarlo se o se

Perciò vi diremo come farlo da quando arrivano a casa. Se il vostro cane è già adulto e non l'avete mai socializzato, si fa nello stesso modo di quando sono piccoli, anche se gli costerà qualcosa di più e dovrete essere più pazienti. Quindi, quando iniziano prima, meglio è. Anche se vi dico anche che se non lo avete mai fatto, siete ancora in tempo, il vostro animale domestico è quanto è vecchio.

Le prime settimane di vita del cane sono importanti perché sono spugne che assorbono tutto, quindi è più facile socializzare. Anche in queste giovani età i cuccioli non avranno problemi (piuttosto il contrario) ad avvicinarsi ad altri cani e persone e a vivere senza complesse esperienze e ovunque. Man mano che il cane cresce, questo diventa più difficile.

Dai tre mesi di età, il vostro animale domestico diventerà più timido e sospettoso, il che gli costerà di più adattarsi bene alle diverse situazioni, persone e animali con cui si incrocia.

Quindi, non perdetevelo. Se è così, puoi anche socializzare il tuo cane seguendo questi consigli.E come socializzi il tuo animale, si comporterà in futuro! E non dimenticare che sarai sempre in tempo per farlo, anche se è un adulto.

Normalmente, siamo coinvolti nella sua educazione fino al primo anno di vita. E bene, se si inizia con un cane adulto, sarà necessario spendere un sacco di tempo fino a raggiungere, poiché oltre all'insegnamento, è necessario rafforzare ciò che si è imparato durante l'anno.

La sicurezza della tua presenza ti aiuterà ad affrontare tutto senza paura
Certamente, ci sono casi difficili con animali che costano di più, a causa della loro personalità, perché sono più vecchi o hanno già trascinato qualche problema di comportamento o di stress sottostante. E se non potete, dovrete affidarvi ad un etologo o ad un allenatore professionista. Quindi non lasciatelo. Ma se potete prendetevi cura della vostra edupetazione primaria molto meglio, poiché creerete un legame molto sano e bello tra voi e il vostro animale domestico che durerà tutta la vita e vi renderà molto felici.

Come far socializzare il tuo cucciolo di cane
È molto più facile di quanto si pensi, basta esporre il vostro animale domestico a tutti i tipi di situazioni quotidiane, animali e persone con cui vivrete, in modo progressivo.

È molto importante che vi occupiate di tutto personalmente e che siate al loro fianco!

Questo avviene portando il vostro animale domestico in tutti i luoghi che frequentano in futuro, come parchi, strade, cliniche e veterinari, la macchina ... Inizia lentamente con piccole uscite in strada e porta spesso a casa i tuoi amici e familiari in modo che si conoscano e si adattino a diversi scenari in casa con diverse persone o animali, se hai già altri animali domestici.

In questo modo le verrà insegnato a stare da solo a casa in attesa del suo ritorno dal lavoro, a vivere con altri animali in casa e per strada. A salire in macchina, a camminare al guinzaglio e mantenere il ritmo, a godersi il bagno, a non correre dietro alle macchine o a un animale domestico.

È molto semplice! Basta ripetere queste situazioni e incontri diverse volte, come una cosa normale, e il vostro amato cane si adatterà senza problemi a tutto. Durante il primo anno di vita è semplice.

CUCCIOLI NON VACCINATI E PARCHI NELLA TUA CITTÀ
Una questione che deve essere chiara durante la socializzazione del tuo cucciolo è che fino a quando non è stato vaccinato per la prima volta, non è consigliabile portare i cuccioli nei parchi, in quanto potrebbero essere infettati da una malattia per la quale non è stato ancora vaccinato Quindi inizia a socializzare il tuo

amico peloso nel parco di casa quando è stato vaccinato. Per il resto, prima è meglio è.

Ogni nuova situazione, luogo o persona che entra a far parte della tua vita, deve essere piacevole e divertente. Questo aiuta molto. Quindi non è una cattiva idea all'inizio, portare con voi i vostri giocattoli preferiti e premiarlo con un premio che vi piace come "chuche" quando vedete che fa la cosa giusta.

Se il tuo cane è timido con altre persone, (di solito succede, soprattutto negli adulti) dovresti informare gli altri che all'inizio non si avvicinano troppo, né si affrettano a giocare o giocare con lui, finché il cane non li accetta. L'interazione con altre persone se l'animale è molto timido dovrebbe essere progressiva; da meno a più.

Vedrai come il tuo cane si avvicina gradualmente agli altri e finisce per includerli nella sua lista di amici. Ma in questo caso specifico, e con cani molto timidi è meglio così.
Devi essere attento durante questo processo di socializzazione generale e cercare stati, fattori o segni di ansia e stress. Quando vedi che il tuo animale è sopraffatto da qualcosa, termina la sessione e riempilo di coccole in segno di gratitudine per come si comporta bene. Insisti di nuovo il giorno dopo e vedi come costa meno.

Edupete il vostro cane tutti i giorni, senza mai sbagliare, ma in sessioni brevi (10/15 minuti) per non stancare il vostro cucciolo. E non dimenticare che si tratta di far affrontare al tuo cane le situazioni quotidiane che vivrà per tutta la vita nel modo più divertente e piacevole possibile.

Queste belle esperienze saranno segnate per tutta la vita nel comportamento dell'animale in positivo. Non ci sono più misteri: se il vostro cane si diverte con le sue esperienze, imparerà immediatamente ciò che volete, e quasi senza rendersene conto.

Le chiavi del successo nella socializzazione di un cucciolo

Oltre a educare il vostro animale ad essere un cane adattato al suo ambiente e felice, un altro punto chiave è quello di prevenire comportamenti indesiderati in futuro, come lo stress da separazione, l'abbaiare eccessivo in vostra assenza, o timidezza e aggressività con gli altri.

Questo è molto importante! Come? Ignorare i comportamenti sbagliati e premiare con buoni premi le vostre buone azioni e i comportamenti che volete che compia in futuro. Semplice verità?

Le esperienze vissute dal vostro animale domestico durante la sua socializzazione segneranno il comportamento del nostro amico per tutta la vita. Ecco perché è così importante iniziare presto e farlo bene.

Devi prendere il tempo necessario e senza fretta fino a quando non lo ottieni. A poco a poco, da meno a più ma in modo REGOLARE, senza fallire.

Dovete ottenerlo durante il primo anno di vita del cane, è più facile così. Da adulto la socializzazione può essere compressa nel tempo (dovrete solo avere più pazienza) ma si può ottenere se ci si impegna.

Meglio se sei tu a farlo, piuttosto che fidarti di estranei. Anche se se nonostante tutto non si può, poi portarlo a un professionista, ma non lasciarlo. Né cucciolo né adulto.

Mi viene in mente solo un'eccezione, in cui dovrete fidarvi di un professionista: se il vostro cane è adulto e mostra già comportamenti aggressivi consolidati. Qui il problema è comprimario, e potrebbe essere necessario l'aiuto di un esperto. Quindi non lasciatelo passare ...

Come potete vedere, socializzare il vostro animale domestico canino il più presto possibile non è un capriccio. È una responsabilità che avete con il vostro caro amico peloso, essere felici e vivere in un ambiente sicuro e sano. La maggior parte delle volte che incontro cani adulti timidi o aggressivi è perché non si sono preoccupati di socializzare il loro cane in tempo.

Quindi non girateci intorno e se avete appena comprato un cucciolo, iniziate subito a socializzare ed educare il vostro nuovo amico canino e avrete un compagno felice, sano e allegro che vivrà con voi in un ambiente piacevole senza comportamenti indesiderati o timidezza o qualsiasi stress.

La differenza è molto evidente e implica che ti assumi la responsabilità fin dal primo momento dell'educazione del nuovo membro della famiglia che è appena entrato in casa. Non dimenticare mai che il tuo cane diventerà un membro della tua famiglia e avrà diritto, come gli altri, a una vita sana e felice al tuo fianco.

È così importante che molti esperti tendono ad attribuire i comportamenti indesiderati di un cane alla mancanza di socializzazione.

Capitolo terzo

Come scegliere un cucciolo di Golden Retriever

Sapere come scegliere un cucciolo e decidere se è un buon cucciolo ti permette di avere una mente analitica per farlo.

Toccare e coccolare un adorabile cucciolo di Golden Retriever, che ti lecca dolcemente il viso, sembra farti dimenticare tutto ciò che!

Ricorda la tua vita familiare prima di scegliere un animale domestico, la tua storia passata con i cani e se scegli un Golden Retriever maschio o femmina.

La tua famiglia ha bambini piccoli, quindi poca esperienza con i cuccioli? Se è così, allora scegli un cane con un temperamento più sottomesso.

La tua famiglia è sempre in movimento e va a caccia di nuove sfide e attività? Allora, forse un cucciolo più aggressivo è proprio quello che stai cercando.

Un modo veloce per lavorare sulla sottomissione del cucciolo è quello di fare alcune "prese" sul cucciolo.

Scegliete il cucciolo tra le vostre braccia e adagiatelo sulla vostra schiena come se fosse una culla per neonati. Un cucciolo sottomesso si sdraia in grembo, pacificamente. Un cane più aggressivo cercherà di dimenarsi per liberarsi.

Appoggia il cucciolo sul pavimento. Mettetela sul sedere e mettete il palmo della mano sul suo stomaco. Un cane sottomesso si sdraierà ancora, ma uno dominante si contorcerà per fuggire.

Dite all'allevatore che i cuccioli sono i più sottomessi, o i più aggressivi perché imparerebbe ogni giorno a trattare con loro, ma siate consapevoli che questa è solo una linea guida.

I cuccioli timidi possono svilupparsi in cani confortevoli, e possono tonificare i cuccioli aggressivi. Si tratta di conoscere il vostro cane man mano che si sviluppa, e poi insegnarglielo secondo il suo particolare temperamento.

Ho avuto cuccioli d'oro timidi quando erano giovani, ma non sono più timidi. E ho avuto cuccioli più dominanti che ora sono piccoli e obbedienti adulti Golden.

I cuccioli si stancano molto facilmente e possono influenzare la vostra decisione sulla loro personalità. Cerco di far uscire i cuccioli per una dimostrazione circa 10 minuti prima che arrivi il potenziale acquirente. I cuccioli hanno così avuto il tempo di fare la pipì, alzarsi, ed essere pronti a mostrare il loro adorabile piccolo sé!

Tuttavia, se l'acquirente è molto più lento del previsto, inevitabilmente entrerà in una stanza piena di cuccioli addormentati! Forse stanno cercando un cane più calmo e sottomesso, ma in realtà preferiscono un cane chiassoso perché non possono credere che questo cane che dorme e si accoccola sia in grado di fare delle belle acrobazie!

Questo è un altro motivo valido per l'allevatore per dubitare di ciò che ha imparato come le sue azioni normali.

Quando si tratta di scegliere un cane, mi viene sempre chiesto se il Golden Retriever maschio o femmina ha il miglior temperamento.

Considero ben poca distinzione tra i due, in realtà. Possiedo molti tipi, e sono orgoglioso e sicuro di come funzionano in casa mia, con le persone, i bambini, altri animali e fuori in pubblico.

Ci sono alcune fasi e periodi in cui ogni sesso si comporta un po' diversamente dalla media. Questo generalmente ruota intorno ai cicli di calore delle femmine.

Normalmente è un po' appiccicosa quando una femmina d'oro è in travaglio, e ha bisogno di più attenzione e petting del normale.

Quando c'è una femmina in calore vicino al tuo cane da monta, in questo momento urlerà, gemerà e potrebbe non mangiare molto. Un po' come un bambino che chiede un regalo a cui tu dici di no!

I miei maschi non sono sterilizzati e in casa mia non ho mai visto un "anello" su nessuno di loro. Quindi il ciclo di calore femminile non è un casino come gli uomini pensano che sia.

Ma nel decidere se scegliere un cucciolo, state certi che sarete molto soddisfatti di entrambi i tipi.

Consigli per i proprietari di Golden Retriever che lavorano

Se possiedi o sogni di possedere un golden retriever, devi sapere la verità su questo tipo di golden retriever. Inoltre, ottieni preziosi consigli sulla preparazione e l'igiene per i golden retriever. Condividiamo anche le nostre idee regalo preferite per cani.

Temperamento: I golden retriever hanno un temperamento estroverso, leale e accogliente, il che rende questa razza di cane un'aggiunta perfetta ad ogni famiglia. Mantiene un atteggiamento energico e divertente alla vita più a lungo di qualsiasi altra specie, quindi preparati a giocare molto a fetch con il tuo golden retriever!

Addestramento: I golden retriever sono sempre incredibilmente intelligenti e desiderosi di piacere, il che li rende facili da addestrare. Specifiche qualità di disciplina e di gestione della casa possono essere apprese mentre il golden retriever è un cucciolo, come l'addestramento al vasino e a non cercare. I golden retriever agiranno come cani di servizio per i ciechi, cani da soccorso e cani militari, con un'esperienza più rigorosa.

Manutenzione e toelettatura: I golden retriever amano fare molto esercizio; amano correre e nuotare all'aperto. Per quanto riguarda la cura, il golden retriever ha un doppio pelo denso che è idrorepellente e può essere ondulato o liscio. Per prevenire meglio lo spargimento, il pelo deve essere lavato due volte alla settimana. I Golden retriever hanno unghie pesanti e a crescita rapida che richiedono una rifinitura o una levigatura quotidiana per prevenire la crescita eccessiva, la frattura e le incrinature. È necessario pulire i denti quotidianamente con un dentifricio specifico per cani.

Salute: I Golden retriever sono tipicamente una razza equilibrata con un ciclo di vita di 12-14 anni. Ci possono essere anche alcuni problemi di salute, come la displasia dell'anca e del gomito, malattie degli occhi e dei polmoni.

Cibo: Una dieta corretta, compreso il latte biologico, è davvero importante per tutta la vita di un golden retriever. Di solito, l'altezza di un golden retriever maschio dovrebbe essere di 23-24 pollici e il peso tra 65-75 libbre; l'altezza di una golden retriever femmina dovrebbe essere da 21-1/2 a 22-1/2 pollici, e il peso tra 55-65 libbre. Molti venditori di cibo per cani hanno ricette che sono uniche per la razza, a seconda delle dimensioni del cane. Il golden retriever è un cane di razza mista, quindi considera l'incontro con i tuoi veterinari per capire la dieta giusta per mantenere il tuo animale.

Fatti sul Golden Retriever

Essendo una razza preferita, il bisogno di saperne di più su di loro è un interesse umano naturale. Puoi trovare informazioni interessanti, informazioni sul loro temperamento e la loro biologia e anche fatti sulla sicurezza del golden retriever in questa piccola, ma ricercata lista.

Questa razza si distingue per essere un compagno canino leale, educato e intelligente grazie ai suoi livelli di energia medio-alti, alle sue grandi dimensioni, al suo splendido pelo e. Hanno bisogno di molte cure tra cui un'alimentazione equilibrata, esercizio quotidiano e spazzolatura quotidiana. Non vogliono essere lasciati soli per lunghi periodi di tempo, quindi questa potrebbe non essere la razza migliore per voi se la vostra vita è troppo impegnata.

Goditi questi fatti rari sui golden retriever e leggi tutto su questa razza!

Fatto 1: due stili di Golden Retriever distinti dal punto di vista comportamentale Il primo dei nostri fatti sul Golden Retriever (GR) riguarda il comportamento. La razza dei golden retriever è nota per la sua cordialità e addestrabilità. Ecco perché è sia un popolare cane da famiglia che un popolare cane di servizio (cane da gioco, cane da ricerca e salvataggio, cane guida, ecc.)

Il Golden Retriever è stato inizialmente creato per accarezzare la selvaggina durante la caccia nella zona. Tuttavia, alcuni allevatori recentemente (anni 70) hanno scelto i cani GR per altre caratteristiche comportamentali e fisiche. Questo perché questo cane è stato uno degli animali da compagnia preferiti in America, e non è più richiesto per il lavoro sul campo.

Il risultato è che ci sono attualmente 2 tipi di Golden Dog distinti dal punto di vista comportamentale: il tipo da campo (caccia) e il tipo tradizionale (cani di servizio per la famiglia e competizione per la conformazione). Un gruppo di ricercatori dell'Università di Linköping in Svezia ha studiato le variazioni comportamentali di queste due forme di Golden Retriever. Abbiamo controllato i cani per sei tratti di personalità:

entusiasmo, piacere di giocare, propensione all'inseguimento, impegno sociale, saluto sociale e dimostrazione di rischi. I loro risultati mostrano che la forma di campo aveva più alto entusiasmo, più alto interesse per il gioco, più alta propensione all'inseguimento, più alto saluto sociale e più bassa visualizzazione del pericolo. Ma c'era poca variazione nella curiosità sociale. Per determinare se il cane Golden Retriever è di tipo militare o specifico, potrebbe essere necessario consultare l'allevatore e vedere se ha basato i suoi accoppiamenti sull'allevamento di cani da caccia o di cani di servizio per la famiglia.

Fatto 2: il 60% dei Golden Retriever svilupperà il cancro. Test epidemiologici hanno scoperto che i Golden Retriever hanno il doppio delle possibilità di contrarre il cancro rispetto alle altre razze di cani. Infatti, contro il 38,8 per cento delle altre razze, il 61,4 per cento dei cani di questa razza svilupperà il cancro. L'inbreeding causa anche problemi di salute in diverse razze. I cani GR tendono ad avere geni espressi che aumentano il rischio di sviluppare tumori. Gli scienziati non sono purtroppo ancora in grado di determinare la posizione di questi geni, ma il lavoro futuro potrebbe fare più luce.

Un modo per ridurre il rischio di cancro sarebbe quello di evitare l'inbreeding per un paio d'anni. Questo è un argomento controverso perché porterà a cani che non assomigliano ai Golden Retriever o si comportano proprio come tali.

Questa è la più triste di tutte le verità sui Golden Retriever. La ricerca è in corso, però, e gli allevatori sono ovviamente preoccupati per questo. Una ricerca intrapresa dall'UC Davis Veterinary Genetics Laboratory sta ricercando marcatori genetici dal Golden Retriever per aiutare gli allevatori a migliorare la variazione genetica mentre allevano i loro cuccioli. Questo potrebbe teoricamente aumentare il rischio di malattie ereditabili.

Il cancro è un disturbo complesso e può includere diversi geni. I tumori non sono intrinsecamente ereditabili, ma l'incidenza del cancro è ereditabile in modo più affidabile. Il clima gioca un ruolo significativo nella creazione di questa malattia e un modo per minimizzare ulteriormente il rischio di cancro del cane è quello di tenerlo pulito e al sicuro dai composti cancerogeni. Si tratta di sostanze chimiche che causano mutazioni genetiche e aumentano il rischio di cancro che includono pesticidi, fumo di sigarette e alcuni materiali per il lavaggio.

Fatto 3: Studio sulla durata della vita del Golden Retriever Più speranzoso è il terzo della verità sui golden retriever. La Morris Animal Foundation sta lavorando allo studio più completo della scienza canina fino ad oggi. Il loro obiettivo è quello di seguire migliaia di cani per tutta la loro vita per esaminare quali aspetti del loro ambiente alla genetica potrebbe influenzare il loro benessere.

Includo il Golden Retriever Lifetime Study in questo studio per la ricerca dettagliata e l'apprezzamento di questa razza. Attualmente seguono 3000 cani attraverso indagini sui proprietari e ispezioni veterinarie quotidiane.

I risultati di questa ricerca aiuteranno gli amanti dei Golden Retriever a curare meglio i loro compagni pelosi. Si farà volontariato sul loro sito web, e fornirà aggiornamenti.

Fatto 4: palle di noccioline!

Un Golden Retriever di nome Augie dal Texas ha guadagnato il Guinness World Record nel 2003 per tenere in bocca 5 palle da tennis per regolamento. È la campionessa imbattuta da gennaio 2017. Quante palline il tuo Golden Dog riuscirà a tenere in bocca? Il tuo compagno canino potrebbe essere in una lista di fatti affascinanti sui potenziali Golden Retriever!

I cani sono creature giocose e per molti anni gli esperti hanno ipotizzato che la loro giocosità è il risultato di allevatori che scelgono caratteristiche giovanili perpetuate nella maturità, anche nella maturità.

Nuove prove indicano che i cani possono aver giocato un ruolo significativo nella socializzazione con gli umani. Durante il gioco, i cani sono capaci di raccogliere la loro conoscenza sociale umana che li rende più addestrabili. Gli autori dicono che la quantità di tempo che passate giocando con il vostro cane e i diversi modi in cui giocate con il vostro cane possono mostrare la qualità della vostra relazione con il vostro migliore amico canino.

Fatto 5: i Golden Retriever sono rossi L'AKC accetta diversi colori di Golden Retriever, dal dorato scuro al dorato chiaro. Anche i cani GR bianchi o neri sono rari. Come fa una razza ad avere così tante variazioni di colore?

Un gruppo di scienziati ha scoperto una mutazione in un gene nei cani Labrador Retriever nell'anno 2000, chiamato Mc1r. Il Golden Labrador è nato con la mutazione. Stavano cercando la mutazione in 17 razze e solo i Golden Retriever avevano questa mutazione in entrambi gli alleli, il che significa che questa razza era omozigote. I Golden Retriever e i labrador retriever sono strettamente imparentati e questo potrebbe spiegare perché questa mutazione avviene tra di loro. La variante mutante del gene Mc1r causa i capelli rossi negli esseri umani, e colpisce circa il 25% della popolazione negli Stati Uniti.

La mutazione nel gene Mc1r descrive il colore dorato di questa razza, ma non le grandi differenze di tonalità o anche il colore del latte. È possibile che ci siano più geni coinvolti nella pigmentazione della pelle e del pelo e sono necessarie ulteriori ricerche per capire meglio come funzionano per creare i colori del mantello del Golden Retriever.

Fatto 6: la bocca più morbida dei retriever L'ultima informazione sui Golden Retriever è per i loro teneri musi. Le razze retriever come il Golden sono state allevate per la prima volta durante la caccia per riportare il cibo. Per questo lavoro due caratteristiche sono molto importanti: non avere paura del rumore degli spari e raccogliere la selvaggina senza avere forature per i denti. Anche se non ci sono rapporti su questa caratteristica, gli allevatori e i cacciatori credono che una bocca morbida sia molto probabilmente dovuta sia a influenze genetiche che all'addestramento.

Le varietà di Retriever hanno più probabilità delle altre di sviluppare una voce sensibile, e sono più facili da insegnare a farlo. Per esempio, per cacciare e uccidere topi e serpenti, i terrier sono stati allevati, quindi il loro morso era molto forte.

Capitolo quarto

Formazione ed esercizio

I Golden Retriever sono una razza sportiva ad alte prestazioni Come suggerisce il nome, il Golden Retriever è una razza sportiva che è stata originariamente sviluppata nel XIX secolo per recuperare la selvaggina caduta per i cacciatori nelle Highlands scozzesi.

Il recupero nelle Highlands scozzesi è un compito molto impegnativo dal punto di vista fisico, con il suo terreno accidentato e pieno di fiumi, laghi e torrenti.

Così, quando hanno iniziato a costruire i Golden, dovevano essere una razza ad alta energia, robusta, con un sacco di resistenza e una sensibilità all'acqua.

In un giorno intero, volevano un cane che potesse percorrere grandi distanze, camminare e nuotare in un terreno accidentato.

Ed è proprio quello che hanno ottenuto con questa razza.

E mentre il Golden Retriever come animale domestico di famiglia non è tenuto a fare alcun lavoro duro, ha il dna adatto al ruolo per cui è stato creato.

E hanno un corpo e una mente costruiti per l'attività fisica e se non fanno abbastanza esercizio, allora il risultato potrebbe non piacervi.

Un Golden Retriever che non è addestrato correttamente diventa distruttivo Questa razza atletica desidera un esercizio vigoroso. Devono essere mentalmente coinvolti. E se non ne fanno abbastanza, accumulano così tanta energia sprecata e il loro cervello si stanca così tanto che hanno solo bisogno di trovare una pausa.

Sono davvero dannosi, masticano, scavano, corrono come piccoli tornado attraverso la vostra casa e il vostro giardino. Troppo pieni di frustrazione repressa per essere in grado di concentrarsi e agire correttamente e ad ogni occasione altri cercherebbero addirittura di scappare dalla loro casa e dal loro giardino.

Un sacco di gente si lamenta del fatto che il loro 'Golden è fuori vista! ' Non ho addestrato molti di loro. Non hanno soddisfatto i bisogni di base della loro famiglia, quindi hanno sviluppato un cucciolo che praticamente rimbalza sui muri mentre cerca di sfogare il vapore represso.

Quindi questo non è l'unico problema ... La mancanza di esercizio fisico fa bene alla salute del Golden Retriever Il Golden Retriever ama la sua dieta e può mangiare tutto ciò che gli viene messo davanti. Hanno scelto di farlo perché sono una razza competitiva che, se fossero impiegati nelle loro posizioni originali, richiederebbe molte risorse.

Eppure hanno anche l'appetito vorace perché sono lasciati a casa, raramente nutriti, e escono solo per una strana passeggiata. Solo ora tutto il cibo diventa sovrappeso e porta a problemi di salute e di peso.

Sì, i Golden Retriever sono molto inclini all'obesità. Tipicamente un misto di due cose che fanno i proprietari:

1. Tanti cedono a questi rituali di accattonaggio fatti con maestria. Non importa quanti anni abbia il cane, quando c'è del cibo hanno sempre quegli adorabili occhi da cucciolo!

2. Non offrendo ai loro cagnolini un allenamento abbastanza vicino ovunque.

È facile matematica che se le calorie consumate superano quelle perse, allora il peso si aggiungerebbe. E se un cane ha molti integratori e avanzi di cibo e non è abbastanza sano regolarmente, i chili si aggiungeranno facilmente e alla fine dovrete mettere il cane a dieta (e nessuno lo vuole!).

L'eccesso di peso porta ad una serie di problemi come le malattie cardiache, l'elevato rischio di diabete, l'alta pressione sanguigna e le lesioni alle articolazioni dell'anca e del gomito.

È dovere di ogni proprietario amorevole mantenere il Golden ad un buon peso.

Quanto esercizio fisico ci si aspetta da un Golden Retriever?

Varia con l'età, il temperamento e la salute generale e la forma fisica e non c'è una soluzione giusta per un singolo cane da proteggere.

Sto cercando di fare del mio meglio per delineare con vari punti della vita di un retriever: Quanto esercizio fisico ha bisogno un cucciolo di Golden Retriever E anche, ci sono limitazioni all'attività di un cucciolo di cui si dovrebbe essere consapevoli?

Una forte linea guida per le esigenze di fitness di un cucciolo è la "linea guida dei 5 minuti". Infatti, questa legge afferma che: Un cucciolo non richiede più di 5 minuti di esercizio per ogni mese di vita.

Mentre un cucciolo di 3 mesi richiede solo 15 minuti di esercizio al giorno, uno di 5 mesi ne vuole 25.

Quell'allenamento è un buon esercizio, organizzato. Questo è una camminata vivace del cane, un gioco soft fetch. Questo è in cima e non in posizione di funzione generale.

Un cucciolo giocherà quanto vuole, anche se si farà attenzione a non fare troppo esercizio.

I cuccioli si sviluppano rapidamente, e il sovraccarico di esercizio può facilmente influenzare le loro ossa e articolazioni. E prendersela comoda prima che siano più maturi. Impiega la massima di 5 minuti e permetti di correre molto poco o di saltare intensamente!

Iniziate la massima di 5 minuti prima che il vostro bambino d'oro di un anno vada d'accordo. E poi ... Quanto addestramento ci si aspetta da un golden retriever adolescente o adulto?

Un allenamento equilibrato per il Golden retriever adulto richiede, come linea guida di base da rispettare, un'ora decente di esercizio ogni giorno. Ma la genetica del tuo cane può significare che hai bisogno di aumentare o diminuire questo.

Questi retriever sarebbero più competitivi da una linea di lavoro sul campo e avrebbero maggiori esigenze di allenamento, forse fino a 2 ore al giorno. Mentre con 45 minuti chiunque dalle linee di esposizione se la caverà.

Non c'è una regola fissa, ma è un posto decente per iniziare un'ora + al giorno e poi accelerare se necessario.

Eppure tutti i Goldens hanno bisogno di esercizio di routine, almeno due volte al giorno, o diventeranno irrequieti e possibilmente dirompenti. Cercate di includere vari tipi di esercizio come il ciclismo, la corsa, il nuoto, i giochi di riporto ... avete bisogno di rilassare le loro menti e i loro cuori e muscoli.

E non pensare mai troppo a mangiare un bianco equilibrato! Godranno di qualsiasi esercizio fisico che gli butterete addosso e poi saranno in grado di farne di più. Ti stancherai ben prima di poterli sfinire!

Quanto si porta a spasso un Golden Retriever con gli anziani?

Alcuni Golden retriever soffrono di artrite con l'età, tra gli altri dolori articolari. Se questo è il caso del tuo cucciolo, chiama il tuo veterinario e chiedigli consiglio. L'esercizio fisico può facilitare l'insorgere di certe malattie e tu non vuoi questo per il tuo cucciolo.

Altri possono iniziare a rallentare dopo aver raggiunto il loro 8° anno, mentre al 12° anno e oltre altri possono essere ancora notevolmente sani!

Come per gli esseri umani, i cani sono diversi per età e individui. Fate solo attenzione a non molestare troppo il vostro cane anziano.

Sono una razza che ama compiacere e se ci si aspetta troppo da loro, faranno tutto il possibile per accontentarvi, così li stancherete e forse gli farete più male che bene.

Segui il Golden e forse è meglio farli rallentare se tendono ad avere dolori, o a rimanere senza fiato molto più velocemente, o a impiegare molto più tempo per guarire. Si divertiranno anche con le passeggiate a lunga distanza e con il nuoto, ma smettete di saltare le siepi e di inseguire le palle dritte per un'ora.

Come fai a sapere se non stai ricevendo abbastanza attenzione dal Golden Retriever?

Ti ricordi. Credetemi, che vi ricorderete!

Se avete un Retriever giovane o adulto che semplicemente salta dalle pareti, mastica tutte le vostre cose, non può prestare molta attenzione a voi ed è molto difficile da addestrare, sembra solo essere fuori portata in generale, c'è una forte possibilità che non lo esercitiate abbastanza.

O se il tuo cane mette su chili solo se lo nutri con la sua dieta come da istruzioni e non gli dai un sacco di dolcetti extra, allora è estremamente probabile che tu non soddisfi le esigenze di allenamento del tuo Golden Retriever.

Ma se il vostro cane sembra sano ed energico, rilassato, prestando attenzione e ascoltando i comandi provati a cui gli è stato insegnato di obbedire, è una buona scommessa che fa abbastanza esercizio.

In ogni caso, se il Golden ha problemi comportamentali ed è particolarmente severo e sbilanciato, la prima cosa che puoi fare è fargli fare un test per problemi di salute da un veterinario. Quindi, se guadagnano un certificato di salute pulito, allora un ulteriore addestramento è il migliore dei rimedi per un cucciolo ben addestrato.

Esercitati per qualche giorno, potresti rimanere scioccato dai risultati: Un oro esercitato è un oro rilassato e soddisfatto!

I Golden Retriever sono una razza competitiva con una forza elevata e hanno bisogno di molto esercizio.

In caso contrario, si verificheranno diversi problemi di salute, iperattività e problemi comportamentali! Quindi fornisci al tuo prezioso cucciolo solo l'esercizio fisico di cui ha bisogno e che richiede per un cane sicuro e felice ... e genitore!

Se sei il tipo di persona che vuole stare a casa con i piedi davanti alla TV, un Golden Retriever non è la razza migliore per te.

Ma se sei uno stile sportivo all'aperto hai il cucciolo giusto!

I modi migliori per esercitare il tuo Golden Retriever
Assicurarsi che il tuo golden retriever faccia molto esercizio fisico non significa solo tenere il tuo cane al sicuro. Mentre l'addestramento è necessario per assicurare che il tuo cane non diventi troppo sovrappeso o abbia altri problemi di salute legati all'inattività, ti dà anche un'occasione speciale per legare.

Tieni presente che i buoni golden retriever adulti faranno circa un'ora di esercizio al giorno, con alcuni che ne avranno di più e altri forse meno. Scoprirete che possono trasformarsi in comportamenti negativi se non c'è abbastanza esercizio.

Se stai cercando opportunità divertenti per allenare il tuo golden retriever, prova queste 14 idee che ti aiuteranno a mantenere il tuo cane felice e sicuro. Prima di passare alle cose al chiuso che puoi fare nei giorni di pioggia o di freddo, la lista inizia con le attività all'aperto.

Camminare o correre

Camminare o giocare con il golden retriever il modo più naturale per allenarsi è quello di portarlo a fare una passeggiata veloce.

Il tuo cane sarà felice di camminare con te per un'ora o più al giorno perché questa razza è molto sportiva.

Se vuoi fare jogging o guidare, porta il tuo cane con te la prossima volta. I Golden non hanno problemi a tenere il passo con i corridori umani a causa della loro taglia, compresi quelli che vanno a correre spesso.

Correre o giocare per il tuo retriever come premio ti aiuterà a rimanere coinvolto anche tu.

Fetch giocare

Il fetch è un altro modo semplice ma divertente per far fare esercizio al tuo golden retriever.

Andate in giardino o nel parco vicino per gettare il vostro animale d'infanzia. Aspetta che lo recuperi e getta il giocattolo a terra. Cerca di dare delle pause al tuo cucciolo, e preoccupati del suo temperamento.

Quando, per esempio, il dorato sembra confondersi rapidamente, considerate la possibilità di giocare a riporto in uno spazio chiuso per tenerlo concentrato su di voi.

Assicurati anche di scegliere un articolo appropriato per il gioco. Rimuovi gli oggetti appuntiti o duri che possono danneggiare il tuo retriever; quindi, limitati a punte, giocattoli che squittiscono, bastoncini corti, corde o altri giocattoli autorizzati dal veterinario.

Ma soprattutto, se il tempo è brutto o se siete troppo malati per andare all'aperto, potete sempre giocare a prendere in scala ridotta all'interno.

Escursioni

Se sei stanco di camminare o fare jogging in città, programma un viaggio più avventuroso e porta il tuo golden retriever con te. Assicurati solo di controllare se il sentiero o il parco in cui andrai a camminare è adatto ai cani e se il tuo cane vuole stare al guinzaglio.

Sappiate che il trekking richiede molta resistenza e può essere molto faticoso. Se il golden retriever è anziano, giovane o malato, chiedete al veterinario se è all'altezza della sfida.

Assicurati di portare con te molta acqua e una tazza, e fai la tua pausa dorata per bere a intervalli regolari.

Continua ad evitare il terreno morbido durante la passeggiata e stai lontano dal sottobosco pesante e dalle rocce appuntite perché queste possono ferire le zampe.

Fate al vostro retriever un buon bagno o spazzolate quando tornate a casa, e cercate pulci e zecche.

Caccia

Una volta che si guarda alla storia del golden retriever si scopre che sono stati addestrati per essere cani da caccia. Mentre ora sono per lo più animali domestici di famiglia degli umani che non desiderano uccidere, anche questo fa parte del loro dna.

Dovresti trarre il meglio da questo, uscire, fare qualcosa di diverso e lasciare che il tuo retriever faccia ciò per cui è stato addestrato. Ci piacerà anche il recupero sul campo e il tiro con te e questo significherà che una buona muscolatura li terrà in perfette condizioni fisiche.

Andare a caccia con il tuo dorato faciliterebbe sempre il legame.

Non è una cosa facile da fare, il tuo cane dovrebbe prima essere condizionato ad un livello molto alto, quindi se riesci a trovare una caccia amichevole disposta a far partecipare te e il tuo cane, è un modo perfetto per uscire in libertà e far fare al tuo cane quello per cui è stato allevato.

Addestramento all'obbedienza

I Golden retriever sembrano amare l'addestramento all'obbedienza canina e sono un modo perfetto per tenere il cucciolo occupato in qualsiasi modo, compreso il corpo e la mente. Questo ti permette anche di creare una relazione con il tuo prezioso mentre vi sforzate di raggiungere uno scopo comune insieme.

A seconda di dove vivi, sarà facile trovare una comunità di agilità. Se non ce n'è una nella tua città, puoi fare un po' di lavoro e allestire il tuo mini-corso di agilità nel tuo cortile o portarne uno portatile per avere più spazio con te al parco locale.

E nei giorni di pioggia si può cambiare questa pratica con giochi interni. Prepara cose come hula hoop e tavoli perché il retriever ci giri intorno, sotto o sopra. Anche stare in equilibrio su oggetti più piccoli funzionerà.

Nuoto

Il nuoto è un altro modo perfetto per esercitare il vostro golden retriever e incoraggerà entrambi a rimanere freschi in una calda giornata estiva.

I retriever tendono ad essere buoni nuotatori che non sentono il freddo che si asciugano facilmente grazie al loro cappotto unico e possono indulgere anche negli inverni freddi.

Se non sei abbastanza fortunato da avere una spiaggia privata, porta il tuo cane con te dopo esserti assicurato che sia dog-friendly per una giornata al parco. Puoi anche solo salvare, riempire e guardare il tuo cane scatenarsi in una piccola vasca per bambini.

Se hai intenzione di nuotare con i tuoi cani d'oro, rimuovi qualsiasi collare o altri cani che possono indossare e tienili d'occhio per assicurarti che siano al sicuro. Anche se questi cani sono di solito eccellenti nuotatori, si possono verificare incidenti, in particolare quando un collare si impiglia. Se vuoi essere super sano, considera anche un giubbotto di salvataggio per cani.

Prendersela comoda quando si gioca con un cane o un golden appena salvato che non è abituato al freddo. Sempre, assicurati che dopo aver fatto il bagno in un lago o in uno stagno, al cane venga fatto un bagno adeguato per sbarazzarsi dell'ammoniaca, dei detriti e di altre cose che possono causare disagi.

Uso del tapis roulant

Non sei limitato a portare a spasso o a fare jogging il glorioso fuori anche se hai una casa piccola. Molti cani possono essere condizionati su un tapis roulant per prendere confidenza.

Comincia a farli stare nello stesso spazio del computer solo quando è in funzione, in modo che si abituino ai suoni e alla vista, poi dovresti spegnere il tapis roulant, farli stare in piedi su di esso e fargli prendere un bocconcino. Accendilo ad una velocità molto bassa dopo che si sono rilassati, e permettigli di continuare con i bocconcini.

Potrai migliorare il ritmo del tapis roulant con il tempo fino al punto che il tuo golden retriever potrà effettivamente fare un allenamento decente su di esso. Se hanno difficoltà ad abituarsi, considera la possibilità di mettersi in posa davanti al tapis roulant e fornirgli occasionalmente una ricompensa incoraggiante. Fai attenzione a sorvegliare costantemente e non legare mai il cane mentre è su un tapis roulant.

Immersione in acqua

Immersione in spiaggia Nel caso in cui troviate che il vostro cane sia uno dei tanti golden retriever che non riescono ad avere abbastanza ossigeno, cercate di portarli a nuotare in spiaggia.

È letteralmente una combinazione di navigazione, immersione e recupero. Prendi il giocattolo subacqueo del cane e lancialo in mare. Aspetta di lasciarli nuotare e riprenderlo, poi ripeti l'operazione. Molti posti hanno club di immersione al molo, quindi hai bisogno di un'area di nuoto sicura.

Assicurati che sia un buon nuotatore prima di tuffarti con il tuo golden retriever, e cerca nell'ambiente possibili pericoli come rocce nascoste o altri oggetti nell'acqua.

Con un puntatore laser Gli animali domestici non sono gli unici ad amare giocare con un puntatore laser. In realtà anche i cani e i golden retriever si divertiranno molto con questi giocattoli.

Basta farlo brillare in giro per la stanza o in qualche altra area interna e guardarli inseguire il punto rosso. Quando usi un proiettore laser, fai attenzione a non farlo lampeggiare direttamente negli occhi del tuo cane. In questo caso, il risultato sarà un danno al sistema retinico.

Nascondere i dolci

Tutti i cani amano i dolci e dovreste approfittarne per dare più attenzione al vostro golden retriever in un giorno di pioggia.

Prendete uno dei loro cibi secchi preferiti per cani o giocattoli di prova e nascondeteli in diversi punti della casa. Considera di metterli sotto i tappeti, sotto i sedili, sotto i tavoli o dietro i muri. Il tuo cane probabilmente si annoierà cercando il cibo e godendo di un buon allenamento nel processo.

Il tuo golden retriever può anche ottenere abbastanza stimoli da un giocattolo che premia quando si risolve un puzzle, ma questo dipende dall'animale. Nota solo per limitarsi ad un discreto numero di dolci. Dare loro troppo li farà ammalare o contribuirà all'aumento di peso perdendo il senso dell'esercizio fisico.

Tiro alla fune

Mentre il tiro alla fune è il miglior gioco per dare l'allenamento interno al tuo golden retriever, dovresti fare questo gioco anche fuori.

L'idea è elementare, basta assicurarsi di usare una corda progettata per i cani, in modo da non danneggiare i loro denti o coinvolgere sostanze chimiche nocive.

Puoi semplicemente giocare al tiro alla fune con il tuo cane se riesci a tenerlo stretto. Questo può provocare in certi cani un comportamento violento o territoriale che non è appropriato in un animale domestico. Quando trovi dei problemi, attieniti ad un altro tipo di esercizio per il retriever.

Giocare a nascondino

Quando sei preoccupato di offrire così tante ricompense al tuo golden retriever, dovresti cambiare il gioco di cui sopra per proteggerti invece dalle leccornie.

Distrai il cane mostrandogli il bocconcino con cui vuole giocare. Spostati in un'altra parte dell'edificio e corri non appena si agitano. Cominceranno a saltare dappertutto per cercarti, esaurendosi leggermente.

Se non iniziano a cercare per qualsiasi motivo, inviate loro il comando "vieni" per iniziare la ricerca. Chiaramente non solo il gioco è pratica, ma migliora anche la preparazione.

Saltare

Saltare è un altro modo per mangiare le calorie del tuo cane anche se sei intrappolato in casa.

Dovresti ispirare il cane a saltare in tutte le direzioni. Una scelta è quella di prendere il giocattolo e stendere il golden retriever sul pavimento con esso. Dagli un colpetto sul naso e saprà che l'hai preso, poi alzati e tieni il giocattolo sopra l'orecchio. Correranno su e cercheranno di toccarlo. Questa tecnica aiuta entrambi a concentrarsi sui muscoli delle gambe come bonus anche.

L'opzione è motivare il cane a correre, usare cerchi, su e giù. Prepara delle bolle non tossiche come dovresti, o compra una soluzione preconfezionata per i tuoi bambini. Lancia le bolle in aria e guarda il cane che le rincorre.

E questa tecnica di allenamento ha preso abbastanza piede da avere bolle per cani in gusti amichevoli come burro di arachidi e pollo. Quando usate le bolle, assicuratevi di scegliere quelle non tossiche che sono salutari quando vengono ingerite.

Suggerimenti per l'addestramento del tuo Golden Retriever

I Golden Retriever sono tra i cani più comuni al mondo. La reputazione è basata in parte su quanto sono carini i cani. Gli animali sono fedeli, compassionevoli, saggi, vivaci ed educati. Dovresti addestrare con successo un Golden Retriever da solo. Molti proprietari di cani lasciano il resto dell'addestramento agli esperti, ma ci sono anche diversi esercizi di addestramento per ogni famiglia. Qui di seguito ci sono alcuni consigli utili per i giovani ed esperti proprietari del Golden Retriever.

Tempo libero Gli animali domestici amano giocare. Non si perdono mai, perché il loro naso sa dove troveranno la strada. Dare al tuo Golden Retriever del tempo libero è vitale per imparare le cose nel modo giusto. Il tempo libero rende un cane felice e più addestrabile, anche se il cane si limita ad annusare in giardino.

Addestramento al vasino L'esperienza di obbedienza più importante può essere mostrare a un cucciolo dove si trova il bagno. Aspetta senza qualità. Portate il cane alla porta o al bagno quando ci sono delle ferite e dite "aspetta". Questo può essere una tortura per tenere il cane fuori perché i Golden Retriever sono molto sociali. Non lasciare i cani fuori in caso di maltempo. Alcuni Golden Retriever sono stati addestrati ad usare, e anche a pulire, la toilette "umana". È una sfida di insegnamento che può essere raggiunta perché i cani sono così consapevoli.

Guinzaglio La prima volta che metti il tuo cane al guinzaglio cerca di mantenere il tuo cane il più fresco e raccolto possibile. La restrizione di un animale che vuole essere sempre libero è malsana. Se incontri un'opposizione estrema, taglia la corda. Se il cane si abitua al guinzaglio devi ricordargli che sei tu a comandare. Se poi il cane tira il guinzaglio e si sforza, fermati. Il cane scopre che fermarsi si traduce in un trascinamento.

Casse Una casa per cani, una gabbia o una cassa mobile è spaventosa per un cane perché è sigillata e non è un'atmosfera di natura normale. A questo livello dovrete spostare il vostro Retriever e avrete bisogno di una gabbia o di una cassa. Lascia aperta la stanza, la gabbia o la cassa.

Posiziona il cane vicino all'edificio o al recinto. La curiosità innata del Golden Retriever porterà il cane ad un primo controllo. Quando porti il Retriever nel recinto, lo chiuderai dentro per un breve periodo di tempo. Il cucciolo si abituerà ad essere chiuso dentro non appena saprà di poter finalmente uscire.

Creare presentazioni a genitori e amici Fare le presentazioni è l'unico modo per evitare che si verifichino morsi al Golden Retriever. I cani conoscono, dall'odore, gli esseri umani. Il giorno in cui ricevi il cane mostra il Retriever a tutti i membri della famiglia. Questo incoraggia a diventare parte della famiglia, che permette al cane di sentire quando è con i parenti. Portare il cane tra i vicini e i loro animali domestici. L'introduzione ad altri animali aiuterà ad evitare dispute per il territorio degli animali.

Fare divertire i Golden Retriever per la toelettatura sono robusti in alcune zone. Sembra che vadano in giro. La toelettatura è un must per mantenere la casa pulita e il cane al sicuro. Tieni il cane coinvolto nella spazzola per la toelettatura. Hai bisogno di una spazzola che possa resistere a un paio di rosicchiate. Pulire il pelo. Spazzolare lascia che il cane si senta bene. Il tuo cane entra in una routine di spazzolatura. Non essere sorpreso se quando è il momento della toelettatura il cane ti dà l'asciugamano.

Insegna al Golden Retriever che sei il padrone Il re è considerato il cane alfa della cultura canina. Tu sei il cane alfa. Il bisogno innato di intimità e la voglia di impressionare contribuiscono a crearti come padrone, ma più importanti sono le tue azioni. Si ottiene più lealtà con l'empatia che con qualsiasi altra cosa. Il cane è un animale e ha quelle semplici caratteristiche che non potrai mai modificare. Invece di cercare di regolare l'impensabile, dovete usare l'intuizione dell'esercizio.

Start Stay, stop, lie e come sono i comandi per cani più appropriati. Queste istruzioni di base tengono il cane sotto controllo e rendono la vita più facile. Il modo migliore per far conoscere al Golden Retriever queste istruzioni di base è mostrarle.

Afferra gentilmente il cucciolo e porta l'animale in posizione seduta. Quando il cane è nel posto giusto, usa la frase "Giù". È sempre difficile far venire un cane da voi, perché la gente usa fischi e molte parole per lo stesso ordine. Il cucciolo è confuso.

Un solo termine. Scegliete il cane e portatelo dove volete che sia mentre gridate sempre "Amen".

Allenati prima Prima di prendere un cane devi fare due cose. Dovete scegliere tutte le forniture per il cane, tra cui ciotole per il cibo, ciotole per bere, guinzagli e giocattoli. L'obiettivo è quello di rendere il nuovo habitat dell'animale il più confortevole e tranquillo possibile.

Puoi considerare di allenarti di più. Dovete sviluppare il coraggio. Devi sapere che urlare contro un cane o prenderlo a calci non darà risultati positivi a scuola. Decidi un metodo di disciplina che insegni invece di torturare. Le terapie della carne sono metodi efficaci per il rinforzo positivo.

È necessario continuare a fare pratica da cucciolo per il tuo Golden Retriever. L'educazione inizia tra le otto e le dodici settimane. Questa età lo svezzerà, per mangiare cibo sano.

Ci sono due ragioni per iniziare da giovani. I cani si legano agli esseri umani nello stesso modo in cui si legano ad altri cani che fanno parte della loro famiglia o branco. Iniziare presto l'addestramento permette al cane di legarsi a te, il che rende il cane più obbediente. La preparazione precoce evita anche eventuali problemi comportamentali che potrebbero verificarsi quando il cane entra nella pubertà. Alcune aggressioni possono verificarsi quando i cani, in particolare i maschi, raggiungono la pubertà. L'addestramento precoce eviterà incontri dannosi tra il tuo cane e i bambini.

L'addestramento al guinzaglio e al collare

Usare un guinzaglio retrattile Mentre porti a spasso il tuo cane con un guinzaglio retrattile, la trazione è immediatamente migliorata. Come sarà? Si dice al cane che più tira, più la corda va, in modo che l'istinto di tirare diventi un riflesso inconscio.

Se usi un guinzaglio retrattile, passa a un guinzaglio normale e dai al rifugio per animali più vicino il guinzaglio retrattile. Quando ti piace usarlo, ci sono pochissime occasioni, quindi è più facile sbarazzarsi dell'opportunità per sempre.

Giocare a tiro con il guinzaglio del cane È importante non tirare indietro se il cane tira la corda.

I cani, in particolare le razze più grandi come i Golden Retriever, sembrano rispondere con ancora più pressione alla pressione sul guinzaglio. E se non stai attento qualcosa potrebbe finire per tirare te da un lato della corda e tirare il tuo cane dall'altro - e non c'è mai un vincitore in questa lotta di tiro alla fune.

Se invece il vostro cane tira il guinzaglio, fermatevi sul posto e aspettate che torni e stia al vostro fianco. Dovresti andare avanti per nome e chiamare il tuo animale, o usare un clicker, non prendere il guinzaglio.

Il vostro cane non è un'esca da lanciare. Tieni la corda allentata e comoda, e aspetta che il tuo cane si faccia trasferire di nuovo a te (letteralmente).

Cedere ai bisogni del tuo cane È normale che se il tuo cane tira il guinzaglio, camminerai un po' più forte per evitare che succeda di nuovo.

Eppure il messaggio che state realmente inviando è che tirare al guinzaglio è buono, perché tirare porta il cane dove vuole andare ancora prima. Puoi vedere come questo causi un forte loop di trazione e influisca davvero sulla tua posizione di leader.

Alcuni consigli per l'addestramento al guinzaglio Finché non continuiamo Non c'è un prodotto sul mercato che possa magicamente trasformare il tuo cane in un professionista del guinzaglio.

In realtà, il trucco - come ci si aspetterebbe - è lo stesso di qualsiasi altra forma di formazione: ci vuole disciplina, coerenza e rinforzo della buona condotta per produrre buoni risultati.

Come descritto sopra, quando tirano il guinzaglio, è importante non cedere al tuo cane. È qui che la persistenza ti ripaga. Quando ti senti esausto a volte e cedi al trascinamento del tuo cavallo, hai preso un bel po' di misure indietro nel tuo allenamento. Il tuo cane deve sapere che tirando non ottiene mai quello che vuole. Mai. Mai.

Invece, seguite gli approcci qui sotto per investire denaro contante in articoli anti-pulling prima di andare al negozio di animali.

Guarda le passeggiate come esercizi di addestramento, non solo come esercizio Un altro modo perfetto per insegnargli il galateo corretto è ogni volta che porti il tuo cane a fare una passeggiata al guinzaglio.

Ma come per la maggior parte dell'addestramento, il tuo cane (e tu) può stancarsi troppo facilmente, quindi assicurati di mantenere le tue sessioni di allenamento brevi, regolari e divertenti.

Certo, bisogna spendere un po' più di tempo in anticipo, ma a lungo termine vale la pena tenere al guinzaglio un cane ben educato.

Trova il modo di stancare il tuo cane prima di uscire per una passeggiata Tirare il guinzaglio normalmente accade quando il cane è molto nervoso ed è particolarmente diffuso nelle razze ad alta energia come i Golden Retriever. Cerca di far stancare il tuo cane prima di andare a fare una passeggiata e vedi se questo fa la differenza. La maggior parte delle volte lo fa!

Corri in giardino e insegui il tuo cane più e più volte. Facendo attenzione quando fa caldo all'aperto, abbiate acqua fresca e rivolgete la vostra attenzione ad una passeggiata se il vostro cane finisce per essere troppo stanco o disinteressato.

Se non hai un buon cortile, puoi anche far correre il tuo cane da un capo all'altro della casa. Recluta un altro membro della tua famiglia per assistere al tag-teaming, e chiama a turno il nome del tuo cane.

Se hai un tapis roulant, vale la pena considerare l'idea di portarci il tuo cane prima di una passeggiata. Sii molto attento al ritmo del tapis roulant, però, e non spingere il tuo cane a salirci se sembra spaventato o impaurito.

Avere dei premi a portata di mano prima di uscire Il rinforzo positivo è il metodo migliore per incoraggiare il tuo cane a fare azioni che ti piacciono. Temporizzare l'incoraggiamento e gli incentivi proprio quando fai qualcosa che vuoi è il modo perfetto per esprimere ciò che ti piace, e incoraggiare il tuo cane ad agire di nuovo.

Perciò, porta nelle tue passeggiate un pacchetto di dolcetti esclusivi che non manderesti via in qualsiasi altro giorno e il tuo cane ha una scusa molto chiara per fare come vuoi tu. Trattali per camminare perfettamente accanto a te: in un segmento qui sotto abbiamo altri consigli su questo.

Non abbiate paura di "annullare" una passeggiata se il vostro cane diventa troppo nervoso per le buone maniere iniziando a casa al guinzaglio.

Se il vostro cane saltella, urla, si lamenta o comunque mostra troppo entusiasmo quando state per uscire per una passeggiata, non mettete il guinzaglio, chiedete di sedersi e non fate nulla prima di vedere un cucciolo tranquillo e felice.

Per insegnare al cane a non innervosirsi prima di una passeggiata, basta chiamare un soggiorno, allungare la mano e aggiungere il guinzaglio al collare ... ma non farlo prima che il cane sia seduto tranquillamente. Se impazzisce per l'attesa, stai dritto e tieni le braccia incrociate e la corda fuori controllo, aspettando che si raffreddi. Poi date un altro colpo.

Se si sveglia di nuovo con entusiasmo esuberante prima che tu abbia finito di mettergli il guinzaglio, taglia il guinzaglio e ricomincia.

Basta far scattare il collare mentre il cane è completamente raffreddato. Ci vorrà un po' di tempo, ma con il tempo, e se lo fai ogni volta, sapranno cosa si aspetta e lo sforzo varrà sempre!

Articoli disponibili sul mercato per aiutare a scoraggiare la trazione È possibile vedere un sacco di collari e imbracature progettati per resistere alla trazione del cane. Non siamo d'accordo con i collari, ma ci sono imbracature destinate a prevenire deliberatamente la trazione che non sono in alcun modo barbare e hanno molto successo.

Cavezze per la testa Simile a una museruola nell'aspetto, una cavezza per la testa è una buona alternativa per razze potenti come il Golden Retriever.

Quando la corda è tirata da un cane che indossa una cavezza in testa, la cavezza tira la testa contro il lato. Il cane può camminare (e vedere) dritto anche se non c'è alcuno sforzo sul guinzaglio.

Se vuoi usare un tappo per la testa, tieni presente che mentre i cuccioli vanno bene quando iniziano presto, i cani adulti spesso fanno fatica quando vengono addestrati con un tappo per la testa e puoi prendere il tempo di abituarli per giorni prima di andare a fare una passeggiata.

Una cavezza per la testa spesso scoraggia il tirare quando l'oggetto viene portato da un cucciolo, è un rimedio a breve termine che non fa nulla per insegnare il corretto galateo del guinzaglio.

È anche consigliabile perseguire gli approcci di addestramento menzionati più avanti in questo articolo, cercando un approccio a lungo termine che sia più sicuro in generale, quando si usa una cavezza per la testa (o imbracatura) per controllare la situazione quando l'addestramento è in corso.

Imbracature E le imbracature funzionano allo stesso modo delle cavezze per la testa, poiché spostano il cane verso sinistra.

Questi tipi di imbracatura hanno un anello sulla parte anteriore del collare, non sulla parte posteriore, e il cane si gira prima che la corda sia allentata.

Sappi che non sarà di nessuna utilità se compri un guinzaglio con un anello sul retro - e può incoraggiare il cane a tirare più forte. Quando si appoggiano all'attrito ottengono una buona sensazione, quindi c'è una buona causa per cui i cani da slitta ottengono le loro linee legate alla schiena - un cane sembra comodo in modo da poter ottenere la piena forza di trazione. Non è bello perché è qualcosa che si vuole fermare.

Catene a strozzo e collari a griffe Certi collari afferrano o si arricciano intorno al collo del cane quando vengono presi da una delle due estremità del guinzaglio.

Se usati impropriamente, questi collari sono altamente pericolosi perché possono danneggiare la trachea, la schiena o la spina dorsale di un cane, e in alcune situazioni (non abbastanza rare!), anche spaventare il cane a morte.

Non c'è motivo di usare mai le catene a strozzo o oggetti correlati per le tecniche di insegnamento avanzate di oggi. Usare la gentilezza, l'empatia e la persistenza, quindi, per mostrare al cane come camminare in sicurezza al guinzaglio.

E chiuderemo l'argomento proprio qui, su quei colletti.

Come insegnare al cane a camminare con il guinzaglio sciolto Diamo un'occhiata a 3 delle tecniche più popolari utilizzate per incoraggiare il cane a non tirare il guinzaglio.

La linea d'azione più sicura è quella di portare a bordo un po' di tutto ciò che aiuta a breve termine, e usare consapevolmente una combinazione dei tre approcci di cui sopra durante sessioni di allenamento mirate e pianificate per avere successo a lungo termine.

Lo Stop and Go Questo è un importante approccio (per lo più) facile da eseguire che ha molto senso comune.

La natura della strategia è che in realtà si evita la passeggiata finché il cane non arriva alla fine della corda e comincia a tirare. Fermatevi completamente sulle vostre tracce, sparite. Solo allora si dovrebbe iniziare fino a quando non tornano da voi e il guinzaglio sarà libero.

Poi si sciacqua e si ripete, camminando solo quando il guinzaglio è libero, non lasciando mai che il cane corra avanti e se lo fa, ci si ferma.

La teoria è che ripetendo questa strategia più e più volte ... e più e più volte ... il cane capirà rapidamente che se tira il guinzaglio, non andrà da nessuna parte. Se il guinzaglio è sciolto, possono andare a passeggio.

Questo approccio opera sotto la premessa che un cane ottiene esattamente il trattamento che desidera - andare dove vuole andare - perché fa come lei intende fare - camminare al guinzaglio.

Questa non è una strategia per chi è più giovane, anziano o meno volenteroso, perché richiede di incoraggiare un cane a strattonare ripetutamente fino a quando non si evita. E quando si può trattare il cane in modo appropriato, si può essere tirati. Ma è un approccio perfetto per tutti gli altri.

Questa strategia può richiedere tempo, a seconda di quanto tiratore avete per le mani o al guinzaglio. Ma funziona, quindi fate attenzione, esercitatevi un paio di volte al giorno e seguitelo finché non vedete i risultati.

TOP TIP: Poi, se il cane non torna da te, allenta il guinzaglio quando hai finito, porta con te un sacchetto di bocconcini per il viaggio di addestramento. Pratica quest'ultimo mentre tirano e ordina loro di tornare ad aspettare un sit prima che si comportino bene per ripartire. Fai solo attenzione a gestirlo a caso, non ogni volta!

Il mistero dello scambio Questa strategia consiste nel "sorprendere" il tuo cane girando rapidamente e andando nella direzione opposta una volta che il tuo cane si avvicina alla fine della corda e inizia a tirare.

Se il tuo cane sta correndo davanti a te mentre cammini, dì "stop" o "slow" per dirgli di non arrivare alla fine del guinzaglio. Anche se lo fanno, fermati immediatamente senza alcun avvertimento, girati di 180 gradi e cammina nell'altra direzione. Forse hai bisogno di un grande collo!

Quando si girano per camminare verso di voi, offrite un incoraggiamento e forse anche un sorriso quando vi affiancano - ma non davanti a voi - e poi girate di nuovo nella direzione originale.

Ripeti tutte le volte che vuoi prima di farti un'idea e non trascinarti. Se ti alleni in un parco affollato, potresti sembrare un po' stupido, quindi se fossi in te, trova un posto tranquillo.

Questo approccio opera su tre livelli diversi: - Fermarsi improvvisamente e andare nella direzione opposta fornirà uno strattone morbido al collare del cane mentre tenta di girarsi dall'altra parte. Questo è scomodo, quindi cercheranno di fermarlo se possono. (Questo è il motivo per cui non usare MAI questa strategia se hai un ferma testa o un guinzaglio slip che può soffocare). - Dice al cane che correre in avanti e colpire l'estremità della corda ha il risultato opposto a quello che cerca di ottenere: spingere in avanti. Finiscono semplicemente per marciare lontano da dove vogliono andare.

- Questo ha il vantaggio di mantenere il cane confuso, il che significa che continua ad affidarsi a te. Non sanno mai la direzione in cui camminerai e li guiderai e stanno imparando a seguire la tua guida. Questo è proprio quello che stiamo cercando.

Attirare con i regali Ora non vogliamo usare questa strategia troppo liberamente perché c'è il rischio che possa diventare un'esca, ma attirare il Golden a fare la cosa giusta con i regali è un modo efficace per mostrargli le buone maniere al guinzaglio.

Dovresti incorporare questo in un piano di addestramento al guinzaglio sciolto, quindi portare con te un portafoglio o una tasca piena di dolcetti durante la tua passeggiata è sempre un'idea intelligente, tenendo qualsiasi cosa infilata al sicuro nella tua mano e sei ancora pronto per questa strategia.

Prima di iniziare a portare a spasso il tuo cane, assicurati che sappiano che, tenendoli davanti al naso, hai delle caramelle in tasca, solo in un pugno chiuso in modo che non possano prenderle.

Comincia a camminare e ti seguiranno da vicino, con il naso verso la tua mano e la gioia dentro. Tu li attiri a camminare felicemente accanto a te.

Dite loro quanto sono dolci con qualche mossa a destra accanto a voi a guinzaglio sciolto, e mettetegli in bocca un bocconcino.

Usando lo 'stop and go' o la 'sorpresa sul giro' di cui sopra per fermarli sulle loro tracce se corrono avanti per arrivare alla fine del guinzaglio. La cosa più semplice da fare è stare in piedi, chiamarli, chiedere un sit e poi invogliarli a camminare con una ricompensa in mano di nuovo accanto a te.

Non avere i bocconcini in tasca per un paio di giorni di questo addestramento un paio di volte al giorno, ma averne alcuni sulla tua persona e puoi sempre gestirli liberamente, in qualsiasi modo vogliano camminare accanto a te, non solo inseguendo la ricompensa in tasca.

Quando hanno imparato l'abilità, aumentate il numero di passi che devono fare prima di ottenere una ricompensa, con l'obiettivo finale di fargli fare lunghe passeggiate con una ricompensa di pochi minuti, lentamente per giorni - o forse settimane.

Tirare al guinzaglio è un problema molto comune affrontato da molti proprietari di cani, in particolare quelli con razze grandi e ad alta energia come i GoldensRetrivers.

Eppure tirare non è qualcosa che devi - o puoi - mantenere per sempre.

Capitolo quinto

Addestramento all'obbedienzaper un Golden Retriever
L'addestramento all'obbedienza è un concetto di 'petch-all' usato nell'addestramento dei cani per descrivere il dare al vostro cane una serie di istruzioni a cui obbedire in modo da poter avere più influenza su di loro.

L'addestramento all'obbedienza comprende un'ampia varietà di discipline, dai comandi più semplici che un cane può imparare (come "giù" e "resta") fino a gare formali di obbedienza molto qualificate organizzate da club locali e regionali dove sia il cane che il conduttore sono giudicati in base alla precisione e alle prestazioni.

Ma l'unica cosa che tutto l'addestramento all'obbedienza ha in comune, anche prima di poter dire di avere un "cane obbediente", è che dovete essere in grado di dare un ordine al vostro cane e lui risponderà RELIABILMENTE e farà l'azione in qualsiasi momento.

L'addestramento all'obbedienza ha più opportunità di una semplice disciplina Esercitare il Golden Retriever quotidianamente ha dei vantaggi che vanno oltre il poterlo condurre comodamente nella vita.

È il momento per te e il tuo cane di lavorare insieme e prosperare come una partnership che rafforza la vostra relazione.

Infonde un senso di fiducia e ammirazione nel tuo cane perché tu sei il loro padrone, qualcuno su cui possono contare per 'prendersi cura delle cose', così che di solito si sentono più sicuri. Non c'è bisogno di farli sentire dispiaciuti per la scatola, tu hai protetto tutto.

Per il cane questo è emotivamente rilassante. I Golden Retriever sono una razza da lavoro che è estremamente intellettuale e ha bisogno di essere messa alla prova per sentirsi utile. In caso contrario, si deprimono e possono causare problemi di comportamento.

Finalmente ... È divertente! Almeno io la penso così e i nostri cani eseguono sicuramente alcuni comandi di addestramento all'obbedienza come descritto prima, l'addestramento all'obbedienza comprende diversi livelli di abilità e difficoltà.

Nello sport, si usano alcuni comandi specializzati che non sono puramente necessari, ma possono avere usi nella vita quotidiana o in circostanze speciali.

Quindi avete bisogno di alcuni comandi molto semplici per fare la differenza, e per avere la sicurezza di gestire il vostro cucciolo.

Comandi facili che ogni cane dovrebbe padroneggiare Ecco una carrellata di cinque semplici comandi che OGNI cane dovrebbe conoscere.

- Il Sit Order - tenere il tuo Golden in posizione seduta.

- L'ordine down - che pone il cane in uno stato di sdraio. Non solo sdraiato e disteso, ma con tutte e quattro le zampe (gambe, non piedi) che toccano il pavimento e i loro lati.

- Remain Order - Che permetterà al vostro cane di rimanere in qualsiasi posizione abbia attualmente, che sia in piedi, seduto o "giù".

- L'ordine di venire - generalmente chiamato "richiamo", in cui il cane tornerà da voi ogni volta che lo farà.

- Comando del tallone - Usato per guidare un cane a camminare senza sforzo su una corda dove la testa o i piedi del cane sono proprio accanto al lato, e la corda è corta e sciolta.

Quando sarai in grado di insegnare al tuo Golden ad obbedire a questi cinque semplici comandi in modo coerente, questo ti darà un'influenza molto forte su di loro.

Dovreste avere il potere di condurli in modo sicuro attraverso la vita, e di dirigerli attraverso le circostanze in cui possono potenzialmente diventare una minaccia o un pericolo.

Questo li renderà effettivamente più a loro agio e rispettati perché li si fa gestire in molte più lopzioni e circostanze, e quindi aumenta anche la loro diversità e qualità di vita.

Ordini avanzati sull'obbedienza, Cos'è un ordine avanzato sull'obbedienza? Ok, obbedienza significa obbedire ad un comando o ad un appello. Quindi, in realtà, ogni ordine è semplicemente una regola di obbedienza.

Gli ordini di obbedienza avanzati includono quelli utilizzati come strategie nella pratica di alto livello e le azioni che insegniamo. Alcuni esempi sono: Roll over, put, figure 8, drop on recall, sit for test, take it, leave it, send, discriminare l'odore, clear retrievals e hops. Eppure c'è molto di più.

Perché certi cani sono "disobbedienti"?

La ragione numero uno per cui certi cani sono disobbedienti è che non sono stati condizionati correttamente dal proprietario.

Di solito è perché non hanno appreso completamente come funziona la mentalità dei loro cani durante lo studio e non hanno fatto "prove".

Ma cosa dimostra?

Ok, è il passo finale più critico nell'addestramento a comando prima di poter effettivamente affermare che il vostro cane è stato condizionato.

Prove e generalizzazione I cani non "generalizzano" perché ecco cosa sono le prove. Ciò significa che non possono estendere rapidamente il loro apprendimento a lopetioni e circostanze specifiche se imparano un ordine in una sola lopetione o circostanza.

Con questo penso che il fatto di doversi sedere nel tuo salotto significa che devono sedersi nel tuo salotto mentre entrano. Anche una volta che sentono la parola nel salotto dei vostri compagni, è inutile per loro. Non hanno ancora sentito l'ordine nei vostri compagni di salotto, né gli è stato insegnato.

Gli esseri umani, in confronto, generalizzano bene.

Per esempio, quando ero un bambino e mi è stato detto di non mangiare il cibo con le mani nella sala da pranzo, ho capito di non mangiare il cibo con le mani ovunque e in qualsiasi momento.

Quando non riuscivo a generalizzare abbastanza, avrei pensato che non si trattava di mangiare nella mia sala da pranzo con le mani, perché se vado a casa di un amico o al ristorante, si suppone che io mangi lì con le mani.

È così che funziona per una mente canina. Siamo molto unici, e affrontiamo difficoltà diffuse. E poi abbiamo dovuto passare attraverso il processo di prova.

La prova è il processo di eseguire i comandi in ogni possibile forma di ambiente e circostanza con il vostro Silver, di fronte a numerosi e svariati disturbi.

Solo perché il tuo cane sa sedersi nella tua cucina, o venire da te nel tuo giardino, non significa che debba sedersi in un centro urbano affollato o venire da te in un parco per cani. E in questi contesti bisogna passare attraverso ogni fase di preparazione per 'provare' la loro padronanza di un ordine.

In molti casi con molte sfide, non avere il tempo di mostrare i comandi è la spiegazione numero uno del perché altre persone notano che i loro cani obbediscono ai loro ordini a casa, ma raramente fino a quando escono e vanno in pubblico.

Ha bisogno di tempo e diligenza, ma se vuoi allenare il tuo Golden in modo efficace deve essere completato.

Come ottenere nell'addestramento all'obbedienza del Golden Retriever È necessario innanzitutto imparare ad addestrare il cane nella pace e nella calma della vostra casa dove non ci sono distrazioni.

Così, dopo aver imparato con successo un comando a casa, in diversi ambienti, è necessario mostrare il comando riqualificandolo passo dopo passo dall'inizio.

Alcune idee sono:

- Il tuo cortile o la tua serra

- Casa e serra con un vicino

- Fuori nel parco

 - In un posto tranquillo

- In una zona trafficata della città

- In un centro commerciale potrebbe sembrare strano eseguire dei comandi in un centro città o in un centro commerciale affollato, ma i risultati pagheranno i dividendi.

Ma in certe situazioni non solo si esercita il tuo Silver, ma devi mostrare i comandi con una serie di ostacoli intorno.

Un cane può essere in grado di stare seduto e in piedi in un parco tranquillo, ma quando ci sono 15 bambini urlanti che giocano a calcio nelle vicinanze e 2 cani che gli corrono intorno, è un'altra storia fare lo stesso.

Quindi, è necessario iniziare a incorporare distrazioni dopo. Alcuni scenari sono:

- Con altre persone e bambini

- Con altri cani

- In tutti i tipi di vari ambienti ambientali

- In prossimità di motori d'auto rumorosi

- Con altri animali circostanti (animali domestici, uccelli, scoiattoli, ecc.) puoi addestrarli senza distrazioni, poi con distrazioni più distanti, poi avvicinati in modo che le distrazioni siano maggiori.

Potremmo elencare molti, molti altri tipi di ambienti e disturbi (molte centinaia), ma sono sicuro che avete capito.

Ora, cosa succede se nel tuo addestramento incontri un blocco stradale e sembra che tu non riesca a dare un comando al tuo cane o che semplicemente non si conformi in una determinata situazione?

Partecipare all'addestramento all'obbedienza è un'idea intelligente.

Consigli per l'addestramento all'obbedienza di base per un Golden Retriever

Puoi seguire alcuni consigli e istruzioni di base per rendere l'addestramento del tuo Golden Retriever più veloce, fluido ed efficace.

Per tutta la preparazione che fate, cercate di tenere a mente i seguenti consigli:

1. La coerenza è la chiave: Assicurati che tutti usino la stessa serie di comandi ogni volta. Il cane rimarrebbe perplesso se sentisse 'Lassie, fermati' e poi 'sdraiati, Lassie' viene ripetuto ogni volta. Verifica che tu e tutta la famiglia seguiate regolarmente le stesse istruzioni.

2. Sii paziente e comprendi: il cane non sta pensando a "donna". Eppure siamo diversi nel modo in cui un cane pensa. Non solo cerchiamo di capire quello che ci aspettiamo da loro, ma all'inizio non cerchiamo affatto di capirci. Questo richiede un po' di tempo. E quando afferrano un ordine ci vuole tempo per mostrarlo. Per favore, siate attenti e scrupolosi.

3. Mantenere sessioni di allenamento brevi e piacevoli: Il tuo Golden ama lavorare con te, ma tutto ciò che è troppo lungo e noioso diventerà frustrante per chiunque. E il formato delle sessioni di addestramento varia sempre, quindi termina sempre finché il cane non si stanca e perde fiducia o può perdere il suo entusiasmo per l'addestramento.

4. Fare le cose con calma: bisogna scomporre un lavoro nei passi più semplici e renderlo il più semplice possibile, le prime volte a casa senza distrazioni. E solo dopo aver confermato si può alzare la posta in gioco fino a luoghi nuovi e introdurre ostacoli, e poi molto lentamente. Provate a preparare il vostro cane ad essere bravo.

5. Fare un passo o due indietro di fronte al fallimento: se si aumenta la complessità dell'allenamento aggiungendo ostacoli, distanza o lunghezza per seguire un ordine e continuare a deludere il cucciolo, fare un paio di passi indietro. Rendete il compito più semplice per fargli eccellere e vincere i premi prima di aumentare nuovamente la difficoltà. Tante piccole vittorie li terranno allenati. Molti errori perderebbero la fiducia in questo.

6. Finisci ogni sessione di addestramento con alcuni comandi con cui sai che il tuo cane sarà bravo. Questo li aiuta a finire con una nota positiva, a ricevere apprezzamento, a ricevere un complimento e a lasciare la sessione di addestramento con l'impressione di aver fatto bene per tutta la vita. Non vuoi che lascino una sensazione di delusione per l'addestramento e che abbiano faticato, altrimenti perderebbero la speranza per il futuro.

7. Dire un comando solo una volta: se dici un comando diverse volte e il tuo cane non mostra l'azione desiderata, alla fine capisce che non deve reagire. Questo vale soprattutto per i comandi fuori dal guinzaglio. Dai un comando solo una volta e

aspetta prima di ottenere la loro attenzione indivisa o di tornare al guinzaglio e chiedi di nuovo se non si conformano.

8. Utilizzare le terapie alimentari durante l'addestramento è molto efficace: questo vale per l'addestramento della maggior parte delle razze, ma con i loro appetiti irrefrenabili, in particolare i Golden Retriever. Per farli entrare in un punto e come ricompensa per farlo in seguito, userai ricompense alimentari come esche. Questo ha estremamente successo.

9. Assicurati di bilanciare le ricompense per il cibo: se assecondi il cane ogni singolo giorno, si comporterà solo perché vuole assecondarlo e si sentirà male se il bocconcino non arriva (il che non è bello perché non ne hai uno a portata di mano); se invece lo premi regolarmente, ai cani piace il rischio e sono disposti a cercare un bocconcino che arriva ogni tanto. Quindi, se il cane ha padroneggiato un tratto, basta premiare il cibo in modo casuale o perderà il controllo. Alla fine ci si aspetta che gli incentivi nutrizionali vengano completamente eliminati.

10. Il tempismo è tutto: devi complimentarti e incoraggiare il tuo cane nel momento stesso in cui compie l'azione che gli hai chiesto, se ti aspetti che capisca la connessione tra un ordine e un comportamento. Più sei sensibile a questo, meglio imparano.

11. Bisogna addestrare frequentemente: bisogna esercitarsi quotidianamente se il cane conosce un comando e ci si aspetta

che lo conosca. I cani trascurano le loro capacità e la loro disciplina perché li rivedete regolarmente.

Analisi Insegnare l'obbedienza richiede un certo impegno di tempo, solo per ottenere le basi giuste.

Ma questo fa parte dell'essere un buon proprietario e idealmente, prima ancora di avere il tuo Silver, hai soppesato la tua decisione.

Le istruzioni specifiche per l'obbedienza impartiscono le qualità vitali di cui un cane ha bisogno per sopravvivere in pace con una famiglia umana. E ti aiutano a mantenere il tuo cane e coloro che lo circondano protetti, dando al tuo cane indicazioni attente.

L'addestramento all'obbedienza dà sempre al cane un senso di valore e di intenzione, un senso di aver fatto un buon lavoro, e stimola il loro cervello che è vitale per un cane intelligente come un Golden Retriever.

L'addestramento migliora la tua vita e quella del tuo cane, rafforza il tuo legame con il tuo cucciolo e, se fatto bene, è anche molto divertente.

Come insegnare a un Golden Retriever a sedersi

Il comando sit è uno dei comandi più semplici e importanti che puoi imparare al tuo Golden Retriever ed è il posto perfetto per iniziare quando gli insegni la prima cosa.

Questo perché la disciplina dell'insegnamento è un modo divertente e facile per rilassare sia te che il tuo cucciolo.

Il vostro cucciolo eccellerà rapidamente nello sviluppare la fiducia e nel farli eccitare a fare più lavoro. Così che spiana la strada per un'amicizia in cui il vostro cane è in grado di lavorare con voi pur avendo incontrato il successo presto, le gioie così apprezzamento

Il comando "seduto" è un modo incredibilmente efficace di gestire il tuo cane quando è opportuno. Se adeguatamente condizionato, chiederà al suo cane solo questo comando di base:

- Sedersi e salutare gli estranei per non farli alzare.

- Seduto e in attesa di attraversare il sentiero.

- Si siede tranquillamente e aspetta che gli si offra un pasto o un bocconcino.

- Sedersi e aspettare prima di salire le scale o passare attraverso le porte, lasciando un percorso libero per le persone che vanno in sicurezza prima.

- Fermarsi dove sono, e radicarli fuori dal guinzaglio in un posto. Questo ha conseguenze per la salute MASSICCE.

La forza e il valore di far fermare il vostro cane e farlo sedere in una posizione con un solo ordine non può essere sopravvalutato e servirà a voi e al vostro cane nella vita.

Regole generali e consigli per obbedire durante l'insegnamento del comando Sit Rendi la concentrazione e il raggiungimento del tuo cucciolo il più facile possibile durante le prime sessioni di allenamento di qualsiasi nuova istruzione.

Iniziate in uno spazio tranquillo da soli a casa, senza cani rumorosi, persone o suoni di qualsiasi tipo.

Se si impara solo in questa impostazione di base, poi praticando in varie impostazioni e aggiungendo ostacoli si può generalizzare e provare l'istruzione.

Mantenete brevi le ore di addestramento per evitare che il vostro cucciolo si stanchi e perda interesse. Solo tre o cinque minuti alcune volte al giorno per un cucciolo molto giovane, si dovrebbe espandere a sessioni di 10-15 minuti 2 o 3 volte al giorno fino a quando il cucciolo è maturo.

Dire i segnali e i comandi sempre con un tono di voce tranquillo, umido ma forte. La visione dei cani è molto superiore alla nostra, e non c'è bisogno di chiamare.

Parla forte perché sta facendo passare la potenza; non farlo sembrare una sfida. Vuoi solo sentire 'SEDUTO!', non 'Sdraiato?'. Ma anche se forte, mantieni la voce calda e con un tono medio. Non andare forte e basso perché questo può sembrare una minaccia.

Cercate di mantenere l'allenamento piacevole, con molti incentivi e incoraggiamenti. Per entrambi, non dovrebbe sembrare un lavoro duro.

Iniziare idealmente fino a quando il cucciolo si stanca e inizia ad ascoltare, o lotta per ricevere l'approvazione e la ricompensa con successo.

Infine, finisci con una nota positiva e il tuo cane non vede l'ora che arrivi la prossima sessione e non torna dalla fase di addestramento con l'amaro in bocca.

Per tutte le razze, tre metodi per insegnare al golden retriever a sedersi Non tutti i metodi funzionano. Identificherò quindi tre strategie che potete utilizzare.

La tecnica più semplice, veloce e potente da usare è quella di "attirare" un bocconcino. Se questo fallisce per qualsiasi motivo, allora c'è la strategia della 'cattura'. Infine, si dovrebbe usare un po' di intimidazione fisica come ultima risorsa se tutto il resto fallisce.

Andiamo uno per uno, attraverso ogni processo.

Sedersi attirando la preparazione per una ricompensa di cibo

L'uso del cibo come esca ha un grande successo e in poco tempo la maggior parte dei cani si siede al segnale. Il metodo è il seguente:

Passo 1 Assicurati di avere a disposizione piccoli bocconcini di cibo di valore. Tieni il bocconcino in mano, proprio davanti al naso del tuo cucciolo, in modo che possa sentirne l'odore, sapere che è lì e avere la sua attenzione.

Secondo passo. Inarca la mano davanti al tuo cane tenendo il bocconcino a un paio di centimetri di distanza, in modo che debba guardare in alto e sollevare la testa per trovare il bocconcino.

Devi trovare l'angolo della ricompensa, perché se è troppo lontano il tuo cucciolo scapperà, se è troppo basso, si tirerà indietro invece di guardare in alto.

Passo 3. Procedere. Continua a far passare la ricompensa sopra la testa del tuo cucciolo su e giù e quando i suoi occhi e il suo muso si alzeranno, le sue orecchie si abbasseranno e il tuo cucciolo crollerà automaticamente in una posizione seduta.

Fase 4. Non appena si tocca il pavimento con il sedere del cucciolo, dire 'Giù! Dagli un po' di gioia e apprezzamento.

Il ritmo qui è importante. Si vuole solo sentire "SEDUTO!" "Il loro sedere tocca il pavimento proprio in quel momento, e poi offrire loro il bocconcino mentre sono già lì.

Se saltano subito indietro, e voi li applaudite e li ringraziate, crederanno di essere stati lodati per essersi alzati. E se si alzano, allora invogliateli a tornare seduti prima di offrire la ricompensa.

Quinto passo. Quando si è riusciti a sedersi con successo con il cane attirandolo con un bocconcino, si mette la ricompensa in tasca e lo si tenta con una mano vuota usando il "SIT! "'. Poi dai loro il bocconcino dalla borsa o dal portafoglio.

Lo facciamo per allontanare il fatto che obbediscono solo al dolcetto e che non sanno da dove viene il dolcetto.

Passo 6. Quando riescono a farlo, attirali più lontano con la mano ancora pulita, offrigli di nuovo la ricompensa dalla borsa o dal portafoglio.

Passo 7. Alla fine, se avete intenzione di continuare ad usare i segnali manuali (e vi consiglio di farlo) dovreste considerare di applicarli al segnale in concomitanza con l'istruzione.

Il segnale della mano per sedersi ti vede su un fianco con la schiena, il palmo rivolto verso il basso, e alzi la mano fino a terra parallelamente con il palmo rivolto in avanti.

Si tenta il cucciolo sopra la sua testa con un gesto della mano che si muove verso l'alto. Ora, a distanza, imitate questo, con l'ordine di sedersi allegato. Non è così speciale e possono accarezzare molto facilmente.

Addestrare a sedersi: Con la tecnica del Petching Il Petching è usato per insegnare un'azione che il cane spesso pratica comunque e voi state solo aspettando che il cane compia l'azione, poi cliccando e trattando (C&T). O dire nella nostra situazione 'SIT! Poi si lancia un bocconcino.

Tutto quello che state facendo è solo stare passivamente e pacificamente in piedi, senza fare nulla ed evitando il vostro cane, ma osservandolo da vicino.

Nell'istante in cui il loro sedere tocca il pavimento mentre si mettono in posizione seduta, urla 'SIT! Lanciagli un dolcetto e mostra loro attenzione.

Alcuni cani ora svolgono ogni sorta di attività aspettandosi di ricevere un'altra ricompensa. Bisogna ignorarli, aspettare tranquillamente che si siedano dopo e poi segnare l'azione con l'ordine, maneggiare e complimentarsi di nuovo con loro.

Quello che stai facendo è creare un legame tra loro seduti nella mente del tuo cucciolo e dici la parola 'SIT! ' e ricevendo loro una busta paga.

I Golden Retriever sono molto intelligenti e dovrebbero bastare poche ripetizioni prima che il cane sappia cosa sta succedendo.

Se tutto il resto fallisce, un po' di intimidazione fisica Poiché con la tecnica dell'adescamento il cane non mantiene un sit e non fornisce l'azione di afferrarlo, lo costringerete letteralmente in posizione.

Questo non è l'approccio più sicuro da usare perché nessuno, umano o canino, vuole essere costretto a farlo fisicamente.

Perché allora la ricompensa e il bocconcino sono un buon incentivo, perché finché il cane si accorge di quello che sta succedendo, interromperete la manipolazione e non dovrete farlo più.

La tecnica è: mettete il vostro cucciolo sul fianco sinistro rivolto nella vostra stessa direzione, mettete la mano destra sul petto del vostro cucciolo e la mano sinistra sotto il sedere del vostro cucciolo appena sopra il ginocchio. La pratica consiste nell'infilare la mano sinistra sotto il sedere del vostro cucciolo e muoverla in avanti mentre con la mano destra la muovete dolcemente su e giù in modo da piegarlo dolcemente in una postura seduta.

Quando il loro sedere colpisce l'asse, dite 'Pee! E tienili lì dentro per qualche secondo. Poi, ringraziateli di cuore e dategli un dolcetto.

NON muovete i Goldens direttamente all'indietro, tentando di tirarli in un sit. Questo è potenzialmente pericoloso per la condizione del cucciolo e la crescita delle cosce.

Dovrai solo farlo un paio di volte prima che il tuo cane lo capisca e, anche se non gli piacerà essere messo in azione, può perdonare e dimenticare molto facilmente quando si esercita il comando sit, a patto che tu lo incoraggi e lo premi bene.

Ma prima, per favore, provate gli altri due modi.

Eliminare gradualmente gli incentivi alimentari Finché il cane non ha dimostrato di riconoscere il 'Giù! devi iniziare a eliminare gradualmente l'incentivo alimentare e a reagire coerentemente ad esso.

Se offrite un bocconcino ogni volta che chiedete un'azione, si crea uno scenario terribile in cui il cane può eseguire gli ordini solo perché sa che state facendo i bocconcini per poterne ottenere uno.

Insegnerai altri ordini contemporaneamente al seduto (come giù e resta) e la prima cosa che vuoi fare è chiedere di più in cambio dello stesso incentivo mentre elimini gradualmente gli incentivi alimentari.

Chiedi un seduto e un giù prima di una ricompensa (2 comportamenti). Poi chiedi un down, un down e un down (3 comportamenti) prima di offrire una ricompensa. Il cane viene sempre lodato, ma meno spesso e per aver imparato di più. E ogni volta, il cucciolo non merita una ricompensa per il latte.

Quando fanno certe cose per una ricompensa, si vuole cambiare la ricompensa che ricevono e non dargli solo un pasto di piacere ogni giorno, ma solo qualche volta.

Tutto ciò che piace al tuo cane dovrebbe essere visto come un incentivo di rinforzo positivo. Per cominciare, incoraggiamento e amore, un massaggio alla pancia, un giocattolo preferito o un gioco di tiro, forse qualche minuto all'aperto.

Quando si tende a praticare gli stessi ordini, si premia sempre meno con trattamenti alimentari e si usano gradualmente trattamenti non alimentari.

Si spera di raggiungere un livello in cui la ricompensa è completamente spontanea. Spesso è il cibo dopo 3 abitudini, spesso dopo 6, a volte è lo sport. Questo tiene indovinato il tuo cucciolo e loro si divertono nel gioco, gareggiando per vedere cosa guadagnano e quando.

Generalizzare e provare il comando "seduto" Solo perché il tuo cane reagisce in modo coerente a un comando "seduto" insegnato nella tua cucina senza interruzioni, questo non garantisce che restituirà un comando "seduto" nel parco con quattro cani che corrono.

E quando il Golden Retriever è in grado di rimanere coerentemente al segnale mentre è a casa, il lavoro è tutt'altro che completo. Ora, lentamente, dovrai fare più fatica a 'provare' l'istruzione prima che reagisca coerentemente in ogni situazione.

Fatelo facendo prendere e ripetere l'insegnamento in varie posizioni fin dal primo movimento. Poi introducete più sfide chiedendo sedute più lunghe e aumentando il tempo che devono stare seduti prima di camminare in avanti. Alla fine, introduci ostacoli come il traffico, i bambini che giocano e altri animali circostanti.

Quando il vostro cane è in grado di sedersi senza ostacoli in qualsiasi luogo, allora avete davvero un cane a cui è stato insegnato l'ordine di sedersi.

Qualche ultimo consiglio Si può praticare il seduto in qualsiasi momento della giornata (e anche diversi altri comandi), senza dover pianificare sessioni di allenamento formali.

Quando gli dai il cibo puoi ricordare al tuo cane di sdraiarsi, di mettere il guinzaglio quando va a passeggio o di dargli un giocattolo da masticare. Ci sono diverse piccole lacune che si manifestano dove si può praticare l'ordine tutto il giorno.

In secondo luogo, non sgridate o picchiate il vostro cane se le cose vanno male, non sembrate coinvolti o semplicemente non capite quel giorno.

Forse hanno troppa resistenza e hanno bisogno di dormire o il contrario, o sono troppo esausti e hanno bisogno di una pausa. Basta sorridere, poi andare avanti e riprovare più tardi. Le punizioni servono a poco.

L'ultimo suggerimento è quello di cercare di includere tutta la famiglia. L'addestramento aiuta a costruire una connessione speciale e un'amicizia che tutti in famiglia aspireranno a costruire tra un addestratore e un cucciolo.

Quindi, per favore, fate leggere ai membri della vostra famiglia lo stesso post, e usate le stesse tecniche.

Non è bene che le persone usino istruzioni diverse e approcci diversi, perché questo non farebbe che infastidire il cucciolo. Per eccellere e brillare devono avere un certo grado di qualità.

Il comando sit è un ottimo punto di partenza per iniziare il tuo percorso nell'addestramento all'obbedienza.

L'addestramento del tuo cucciolo è semplice e veloce, e non è affatto impegnativo per te come addestratore. È un buon modo delicato per entrambi per iniziare, rendendo facile ottenere delle vittorie.

Come insegnare a un Golden Retriever a stare giù
Il comando "giù" è la prossima mossa logica, ed è molto facile per voi da insegnare come addestratore, e per il vostro cane da imparare e fare bene.

Ricordate, mentre ci esercitiamo vogliamo impostare i nostri cani per avere successo, vogliamo iniziare dolcemente con le basi e sviluppare la loro fiducia. Un modo per farlo è insegnare l'ordine di discesa.

Il comando down è uno strumento estremamente utile per gestire e manipolare il tuo Golden in modo appropriato, che vi servirà bene insieme per tutta la vita.

In questo articolo ti presento due metodi molto utili e veloci da capire che puoi usare per addestrare il tuo Golden a mettersi in posizione di riposo: Luring e petching. Spiegherò anche rapidamente che non si può usare la forza fisica per addestrare gli ordini a terra.

Andate avanti e vi garantisco che sarete bravi in poco tempo... e vi divertirete lungo la strada.

Cosa rende il Button Down così utile? Quando è utilizzabile?

Nella vita reale ci sono molte occasioni in cui bisogna usare ordini di sottomissione e probabilmente il down è il più efficace. È un modo perfetto per equilibrare il cane e metterlo in riga.

Ecco solo un paio delle ragioni per cui il comando down è così utile: - Grandi vantaggi per la sicurezza quando si sta delineando uno scenario rischioso per bloccarli sul posto. Quando il tuo cane è dall'altra parte di una corsia, per esempio, in procinto di attraversare e un veicolo si sta avvicinando, puoi ordinare un down prima che sia sicuro e chiamare o andare a prenderlo.

- Evitare un cane impulsivo è più efficace di un soggiorno. Per esempio, se il vostro Golden è il tipo che insegue una moto o uno scoiattolo, scapperà esplosivamente in un momento mentre è in un sit. Ma in un down sono più calmi, meno desiderosi di fare pratica, e ci vuole più tempo per passare da un down ad uno sprint, lasciandovi il tempo di interromperli e correggerli.

- Un giù è più comodo di un seduto, quindi è più facile per i cani mantenere un seduto per molto più tempo di un soggiorno. E se hai bisogno di tenere il tuo cane in un posto per un certo periodo di tempo, il down è il miglior segnale da usare ogni volta che hai bisogno che rimanga sul posto.

- Poiché il down è un luogo così confortevole, rilassare un cane troppo eccitato è particolarmente utile. Quando il Golden diventa troppo esuberante con i bambini o altri animali domestici, chiedi un down e questo lo calmerà e manterrà la sua energia esuberante fuori dal terreno.

Il ruolo down è, generalmente, rilassante nel complesso. Tuttavia, un cane a terra non può andare in giro, arrampicarsi sulla folla, inseguire un altro oggetto o lanciarsi nel traffico, più di ogni altra cosa. Un cane sdraiato è un cane che non può mettersi nei guai.

Poche linee guida e regole da rispettare durante l'insegnamento del comando Giù Mantenere l'addestramento a casa in uno spazio sicuro senza ostacoli per le prime sessioni quando il comando giù non è familiare al tuo cane, per rendergli più facile l'apprendimento.

Dato che l'udito di un cane è così sensibile come il nostro, parla i comandi con un tono di voce tranquillo, umido ma forte. Suona bene e autorevole e non spaventoso.

Allena il comando "giù" dopo che il tuo Golden ha fatto un po' di esercizio e prima della sua cena per ottenere le migliori prestazioni. Se sono pieni di vita, riposare e sdraiarsi sarà più facile e se sono affamati saranno più propensi a cercare le gustose ricompense.

Insegnerete un ordine per sbloccarlo. 'Giù' significherebbe sdraiarsi e rimanere finché non dico che dovrebbe alzarsi, non solo sdraiarsi e alzarsi come si vuole. Quindi impara un pulsante di rilascio, o il tuo Golden non avrà modo di capire che ha finito e che può alzarsi di nuovo. Dovresti usare 'Ok' o 'Subito in piedi!' 'Che liberazione!

Gli ordini "giù" e "vai a letto" o "vai nella tua cassa". Per le azioni di volontà si prega di usare ordini separati, altrimenti si creerà un malinteso, rendendoli più difficili da capire e meno efficaci.

Sii ottimista e allegro quando si tratta di fitness per renderlo piacevole. E finisci finché il tuo cane non si annoia e possono godersi la corsa insieme e aspettare con ansia le sessioni di allenamento. Solo 5 minuti circa, 2 o 3 volte al giorno sono sufficienti per un cucciolo e, man mano che maturano, aumenterai il numero di sessioni e la durata.

Due strategie per insegnare al Golden Retriever a sdraiarsi Fortunatamente per noi, i nostri cani imparano già a sdraiarsi e questo rende il nostro lavoro molto più semplice. Dobbiamo solo farglielo fare su ordine.

Il nostro obiettivo è quello di insegnare al nostro Golden Retriever a sdraiarsi completamente quando glielo chiediamo, con la pancia sul pavimento e le zampe anteriori distese davanti a loro. Niente chiappe sotto la pioggia, non solo accovacciati ma tutti giù, pancia a terra.

E poi aspetteranno che noi li liberiamo.

Ci sono altre strategie e approcci che si possono usare, proprio come in altri tipi di insegnamento. In questo articolo mi concentrerò sulle due più facili, tutte gentili, costruttive e altamente efficaci: L'adescamento e la petizione.

Quindi continuiamo ... Come insegnare a un Golden Retriever a sdraiarsi usando l'adescamento Per insegnare al tuo Golden a sdraiarsi usando l'adescamento, hai bisogno di un sacchetto o una tasca piena di bocconcini di cibo e di esercitare la seguente tecnica: Inizia con il tuo cane di fronte a te, uno di fronte all'altro. Tieni un piacere ben stretto nel tuo fianco, proprio davanti al naso del tuo cane, e loro possono sentirne l'odore, ma non possono.

Mossa 2: Porta delicatamente la tua mano a terra e il naso del tuo cucciolo la seguirà, con la testa, le braccia, le spalle e tutto il corpo che cadrà gradualmente a terra.

Mossa 3: Ora spingi la tua mano lontano dal tuo cucciolo sulla tavola, fino a quando è proprio di fronte a lui e tra i suoi piedi.

L'intera traiettoria dell'esca è dritta verso il basso, e poi via da loro, non in diagonale come una forma a L. È giù, e poi libera.

Il tuo cucciolo avrebbe bisogno di abbassarsi per obbedire alla ricompensa in modo da scivolare in una posizione giù. Pronuncia il segno 'giù! 'Quando continuano a cadere.

Fase 4: dire 'Bello giù, proprio come i vostri gomiti anteriori Goldens sono giù sul tavolo! Quindi lascia che abbiano un trattamento.

CONSIGLIO: Se alcuni cani partono da una posizione in piedi, andrebbero in avanti per inseguire la ricompensa sul terreno invece di andare a terra. Quando questo accade, posizionateli prima in posizione seduta in modo che il loro sedere sia ancora sul cemento, poi convinceteli a mettersi a terra.

Fase 5: Ogni volta che chiamiamo un down non vogliamo piegarci a terra, ma mantenere la posizione eretta. E vogliamo accelerare la pratica di un segnale a mano da una posizione eretta da usare.

Attirarli nel ruolo di giù con una mano vuota dopo un paio di sessioni di allenamento in cui avete la ricompensa in bocca, usate quasi lo stesso gesto ma senza ricompensa.

Non appena il tuo cucciolo è nel ruolo di down, digli 'Good down! 'E prendigli una tazza o una delizia tascabile. Trattali comunque, ma non per la tua parte di adescamento.

Passo 6: Avanza molto lentamente in modo che il tuo cane sappia già cosa stai cercando, continua a fare il gesto di attirare, ma non arrivare al pavimento fino in fondo.

Per 2 sessioni di preparazione scendi a un livello di pollice. 2 pollici più in alto per altre 2 sessioni, 3 pollici più in alto per le prossime 2 sessioni ecc. Verifica che continui ad usare il comando 'giù' quando ti muovi per mantenere la relazione sicura.

Sarete in grado di usare il grilletto in tempo, stando assolutamente in piedi, senza bisogno di chinarvi.

In definitiva, si vuole trasformare il gesto in estendere il braccio in posizione verticale, a faccia in giù, e abbassarlo da una postura orizzontale a terra mentre si dice "sotto". Questo è il gesto della mano globalmente noto per un down.

Se non ti sembra di riuscire ad andare avanti con la tecnica di adescamento menzionata nei 6 passi precedenti, allora prova la seguente tecnica di cattura...

Quando insegnare a un Golden Retriever a sdraiarsi Utilizzare la cattura Uno dei modi migliori per addestrare un tratto è aspettare di ringraziare comunque il Golden. Alla fine tutti i cani si sdraiano ad un certo livello, tutto quello che devi fare è sederti lì e aspettare di accarezzarlo.

E se l'adescamento non è vincente, considera il seguente metodo: Passo 1 Prima di tutto, porta il tuo cane fuori a fare un po' di esercizio e sfiniscilo un po'. Quindi chiudi te stesso e il tuo cane in uno spazio tranquillo dove c'è poco da fare e nessuna minaccia. Per favorire la noia e far sdraiare il tuo cane, taglia tutti i giocattoli e tutto ciò che ha valore.

Aspetta ora.

Mossa 2 Con niente di interessante in corso, con poco altro da fare, il cane finalmente si sdraierà. Etichetta l'azione (clicca o dì 'good down') non appena lo fa, e dagli un premio. Lo scarichi e loro devono alzarsi, e sono di nuovo nel posto giusto per dare il comportamento down.

Fase 3 Ora il cane sta per dare nuove attività, sperando di ottenere un'altra ricompensa. Dimenticateli assolutamente solo prima che facciano ancora una volta una caduta. Etichetta di nuovo l'azione non appena lo fanno, e metti fuori un'altra ricompensa.

Fate questo gioco per un po', prima che diano il down da 5 a 10 volte, e ripetetelo per qualche giorno per 4 o più sessioni. Non ci metteranno molto a pisciarsi addosso e a cominciare a dare il down ogni giorno per ottenere il payout.

Fase 4 Si dovrebbe iniziare a inserire un prompt mentre stanno dando il down frequentemente. Quando si inizia a cadere, dire "giù! 'E lodateli fino a quando non mettono le ginocchia sul pavimento e il culo.

Una parola sulla coercizione fisica (forzare il cane in una caduta) La coercizione fisica per un sit è facile da fare e, se fatta come detto, molto delicata. Quindi non si tratta di costringere il cane ad una caduta. Ci sono modi positivi e cattivi per farlo, ma è molto probabile che diventi brutto se non si è qualificati e si possono ferire le articolazioni in via di sviluppo di un cucciolo.

Quindi, vi esorto ad usare i due approcci che ho menzionato prima. Con queste strategie spero che tu possa avere successo, con un po' di persistenza e determinazione. La coercizione fisica non è un requisito.

Prolungare il tempo del down Come ho descritto poco fa, un down significherebbe 'sdraiarsi prima che io ti dia un ordine di rilascio'. Quindi, se il tuo Golden segue costantemente il tuo ordine di giù, inizia a mettere una parola di rilascio come 'OK! ' (o qualsiasi cosa tu voglia usare.) Usa il segnale all'inizio, dato che il cane si sta già alzando per qualche ora di allenamento, accarezzandolo. Comincia ad allenare il comando "giù", poi fermali e rimettili nella posizione "giù" mentre continuano a salire. Poi farli uscire dall'ordine "Sì!".

Puoi tentarli rapidamente con una ricompensa se dimenticano la parola unlock. Veloce non fa mai quel crash.

Prima di sbloccarli, man mano che l'allenamento continua, cercate di scendere per durate sempre più lunghe. Più avanti si parlerà di questo.

Come discusso nei post precedenti, devi effettivamente eliminare gradualmente i benefici nutrizionali e non essere in grado di gestirli per sempre. Non si vuole dover portare il cibo con sé in ogni momento e, se offerto comunque, un dolcetto perde la sua utilità.

Come primo passo dell'eliminazione graduale degli incentivi alimentari, continuate a premere per ottenere di più prima di offrire una ricompensa. Trattare solo il più alto dei down. Poi controllare un mix di comportamenti prima della terapia (sedersi, sedersi, sedersi e somministrare), e infine prescrivere solo a intervalli casuali, spesso con una serie di 3 abitudini e talvolta per 6.

Dovrebbero essere ringraziati per il giusto comportamento, ma non offrire ricompense in cibo ogni volta.

Quando l'hai fatto molte volte, vuoi considerare di aggiustare l'incentivo che gli viene dato. Non deve essere solo riso.

Si dovrebbe chiedere una lista di azioni e dare loro un animale preferito, un gioco di tiro o qualsiasi cosa il cane voglia, fondamentalmente.

Il tuo obiettivo principale è quello di creare bonus molto casuali. Spesso per un comportamento, spesso per una serie di sei. Non sapendo mai cosa sta arrivando o quando arriverà, sfrutterai l'influenza del gioco e renderai il tuo cane disposto a obbedire ai tuoi ordini senza nemmeno fornire del cibo.

Provare e generalizzare l'ordine giù Bisogna provare e generalizzare per rendere ogni nuova regola o azione coerentemente qualificata e utile.

Dimostratelo incorporando lo spazio, la lunghezza e i disturbi, e generalizzatelo esercitando l'ordine in diversi stili di ambiente.

La regola generale è di aggiungerne uno alla volta di qualsiasi lunghezza, distanza o ostacoli, altrimenti sarà troppo difficile e il cane potrebbe iniziare a perdere.

Quindi iniziate con il chiedere un down e non trattate e rilasciate per 3 secondi, poi 4, poi 5 ... fino a chiedere per 20 secondi+. Una volta lì, aumenta il tempo di ogni sessione di 5 secondi fino a superare i 5 minuti, poi aumentalo di 30 secondi, gradualmente lavora fino a mezz'ora e oltre.

Per esempio, pretendere un down di 30 minuti non è la base di un allenamento quotidiano impegnato! Lo faresti mentre guardi la TV o in certi momenti in cui sei tranquillamente sdraiato da solo. Eppure per arrivare a questo stadio ci vorrebbero mesi di avanzamento graduale. Cerca di non muoverti su di esso.

Dovresti quindi iniziare a tentare di aggiungere la distanza al comando dopo aver aggiunto la lunghezza. Per farlo, chiedi un down e fai una pausa prima di sbloccare. Poi ci sono due fasi, tre fasi ecc. Nel corso di parecchie, parecchie settimane / mesi di sessioni di allenamento, l'obiettivo è di essere in grado di allontanarsi bene con il down ancora mantenuto.

Per divertirvi, potete far vagare i membri della famiglia, alcune persone del posto, mangiare qualsiasi cibo in giro e forse anche spargere del cibo intorno a loro (alla fine - con un sacco di lavoro fino a questo!) Per generalizzare, fate tutto quanto sopra a casa, nelle case degli amici, in strada, in città, ovunque ci si possa pensare.

Se il tuo cane inizia a lottare e a rompersi, ovviamente ti sei spinto troppo oltre, quindi puoi fare un paio di passi indietro, rendendo il lavoro più difficile prima di continuare di nuovo.

Il piano è quello di aumentare gradualmente la sfida aumentando le dimensioni, la lunghezza o gli ostacoli uno alla volta e in varie circostanze, e abbastanza presto sarete in grado di vedere il vostro cane giacere coerentemente e rimanere in qualsiasi situazione di vita reale prima di liberarlo.

Questo non sarà veloce, ci vuole tempo, sforzo e persistenza, ma ne vale la pena.

Se addestrato correttamente, il comando "giù" può essere il più utile dei comandi che ti fornirà una grande leva per tenere il tuo Golden fuori dai guai e tenerlo al sicuro quando ne hai bisogno.

Un cane a terra è un cane che non può correre, inseguire, saltellare o affrontare qualche tipo di pericolo.

Non appena inizi l'addestramento all'obbedienza, puoi praticare il comando down subito dopo che il tuo Golden ha imparato a sedersi. Qualsiasi software di addestramento per cani è semplice, divertente e una componente importante.

Per mantenere un cane ben educato e fedele, bisogna chiaramente essere in grado di tenerlo a terra prima di liberarlo, indipendentemente dall'ambiente e dalle minacce vicine.

Forse state promuovendo, e forse non lo sapete nemmeno, un cattivo galateo del guinzaglio. Farai alcune delle cose qui sotto? Se lo fai, considera di cambiare i tuoi modi prima di tentare di cambiare i modi in cui tratti il tuo animale domestico.

Come insegnare a un Golden Retriever a dare o lasciare qualsiasi oggetto su indicazione
Prima di tutto, dobbiamo assicurarci che sia tu che il tuo cane abbiate il giusto atteggiamento in questo esercizio. Proprio così; anche tu hai ragione!

Come per tutto l'addestramento dei cani, il segreto per insegnare il "dare" è un approccio freddo, premuroso e compassionevole. Si è tentati di rappresentare questa disciplina come una minaccia, in particolare se il vostro animale domestico sta masticando qualcosa che non dovrebbe, quindi qualsiasi urlo o azione offensiva da parte vostra porterà il vostro cane a difendere attivamente il cibo, cosa che dovrebbe essere evitata a tutti i costi.

In alternativa, dovreste sforzarvi di creare un'atmosfera in cui il vostro cane sia in grado di rinunciare a qualcosa nella sua bocca, e non rinunciarvi perché ha paura della punizione.

Una volta che decidi di "offrire" delle lezioni, assicurati che anche il tuo cane sia desideroso di imparare e che non difenda sempre le risorse. Se dovesse iniziare a comportarsi in modo inappropriato quando ha del cibo in bocca, è meglio ottenere un ulteriore supporto dal veterinario o da uno specialista comportamentale. Cercare di addestrare un cane che difende le risorse senza un aiuto qualificato è una prescrizione per ambienti pericolosi.

La chiave è lo scambio Durante la prima fase dell'istruzione 'offerta', dovrai persuadere il tuo Golden che se seguiranno il tuo ordine e si verseranno qualcosa in bocca, accadrà una 'cosa buona'. Essenzialmente, qualcosa che devi scambiare con loro per i loro prodotti.

In questa situazione la "cosa bella" che vendi è una ricompensa - preferibilmente una ricompensa che favorisce il prodotto o l'oggetto che stanno masticando al momento.

Conoscere lo spettro delle ricompense Avrai una conoscenza del sistema di valori del tuo cane mentre prepari l'attrezzatura pronta per continuare l'addestramento - cioè quanto al cane piacciano di più alcune forme di bocconcini, morsi e giochi rispetto ad altre.

In questa fase iniziale dell'addestramento avrai bisogno di alcuni bocconcini molto utili per i quali sai che il tuo cane sarebbe disposto a rinunciare al suo giocattolo da masticare. Questo sarà qualcosa di caldo e pungente - forse del pollo o del tacchino.

Poi, scegli il giocattolo con cui vuoi scambiare il bocconcino. Fai in modo che sia un giocattolo di valore medio-basso che il tuo cane apprezza, ma non ama, per renderlo il più semplice possibile. Ha lo scopo di metterli su un percorso precoce verso il successo.

Sarete incoraggiati a giocare con nuove terapie di beneficio e bocconcini man mano che l'addestramento migliora e il cane diventa più bravo a capire il comportamento di "dare". Questo li aiuterà a prepararsi contro una serie di possibili situazioni.

Un clicker o un altro dispositivo equivalente per aiutare a segnare il comando e rispondere è l'ultima cosa che si può desiderare di avere nel proprio kit di strumenti di addestramento. Qui c'è un riferimento per l'istruzione 'offrire' usando un clicker.

Guida passo dopo passo al 'dare' Potrebbe essere necessario usare le ricompense ogni volta che si fa pratica durante la prima fase della preparazione al 'dare'. Lo scopo è di far pensare al tuo Golden che obbedire al tuo ordine e far cadere il suo giocattolo produrrà una cosa positiva, una ricompensa.

Ecco come si sentirà questo ordine le prime volte che si esercita:
1. Date al vostro cane il giocattolo da masticare che avete scelto prima, di valore medio-basso, e lasciatelo giocare con esso in bocca per qualche minuto.

2. Mostrate loro la ricompensa di alto valore che avete in mano quando volete che vi diano il regalo e dite il vostro ordine allo stesso tempo-' date.

3. A questo livello, grazie alla struttura di valore definita, probabilmente lasceranno cadere il giocattolo e andranno a prendere il bocconcino. Quando lo fanno, dategli il bocconcino e un po' di incoraggiamento mentre dall'altra parte raccogliete l'oggetto caduto.

4. Se stai usando un clicker, assicurati di cliccare mentre abbassi l'oggetto.

5. Aspetta che finiscano la loro ricompensa e restituisci l'animale.

6. Ripetere alcune volte fino a quando non vogliono più giocare con il giocattolo.

Il tuo cane dovrebbe arrivare al punto in cui impara la routine dopo alcune buone sessioni di addestramento, e mostrerà effettivamente l'azione corretta al tuo segnale. A questo punto è il momento di alzare il livello e chiedergli di abbassare il suo giocattolo anche se non gli stai chiaramente dando un premio.

Ora si sta cercando di svezzarli dal modello di corruzione. Le misure sono esattamente le stesse: 1. Date la stessa ricompensa al vostro cane da masticare, poi giocate di nuovo.

2. Dopo qualche minuto dite di nuovo 'give', ma questa volta non mostrate il bocconcino - piuttosto tenetelo chiuso in mano o in tasca.

3. Come sono addestrati a fare in questa fase, quando lasciano cadere il giocattolo, premiateli e dategli il bocconcino segreto. Se sono caduti dovreste usare il vostro clicker.

4. Ancora una volta, dall'altra parte, afferrare il giocattolo caduto e recuperarlo fino alla ricompensa.

5. Ripetere finché il cane non ha più bisogno di giocare con l'animale.

Se il tuo cane non molla ... Se il tuo cane non rilascia la ricompensa dopo che hai tolto il bocconcino dalla sua visuale, allora vai avanti e fai pratica con il bocconcino un paio di volte davanti. Non c'è nessuna colpa nell'operare lentamente, alla velocità del cucciolo.

Se non riescono a diminuire anche se sono in grado di vedere il trattamento, allora avete sicuramente bisogno di regolare le risorse con cui lavorate. Ricordate la struttura di credenze di cui abbiamo parlato prima? Ora dovresti selezionare un giocattolo di valore inferiore per fargli fare uno spuntino, e una ricompensa di valore ancora più alto per la quale sarebbero in grado di scambiare il loro animaletto. O, in alternativa, potreste scambiare la ricompensa con un prodotto di valore aggiunto.

Per rendere la ricompensa molto più allettante per il tuo animale, potresti pianificare l'addestramento in un momento della giornata in cui ti rendi conto che il tuo cane sta cominciando ad avere fame. Se non vede l'ora di cenare, sarà più propenso a prendere il bocconcino.

Se non giocano a palla e perdono il loro giocattolo, allora alcuni allenatori suggeriscono di aspettarli davvero, promettendo di non togliere mai fisicamente il giocattolo dalla bocca. Si spera che il cane capisca che devono farlo abbastanza rapidamente!

Passi successivi per il tuo cane per dare qualcosa, qualsiasi cosa Dopo aver efficacemente addestrato il tuo Golden a lasciare il suo giocattolo quando sente 'dare', è il momento di iniziare a dimostrare le azioni contro diversi scenari.

I cani non sono in grado di generalizzare e possono sentirsi frustrati se vengono inaspettatamente interrogati in un nuovo ambiente su un'azione simile in cui non sono stati addestrati. Ecco perché è importante "provare" l'addestramento - cioè, esercitare l'ordine per vari oggetti in molti luoghi diversi.

Prima di tutto, smettete di punire il vostro cane ogni volta che eseguite l'ordine, e limitatevi a ridurlo a una volta ogni due o tre giorni e poi obbedite.

Finché tendono a mantenere questa attività, tu continuerai a maneggiarlo fino a quando non sarà semplicemente ad-hoc. Questa si chiama stimolazione periodica, che è un modo stabilito per mantenere l'attenzione del tuo cane nel seguire continuamente i tuoi ordini.

Variare le cose da offrire e le alternative che valgono Successivamente, si può giocare con vari giocattoli e masticatori per tenerli in bocca. Gli si darà un valore progressivamente più alto finché non sarà più difficile per il cane abbassarlo quando gli si dice di farlo.

Tuttavia, quando inizi a sperimentare varie cose, assicurati di non giocare con oggetti "proibiti" o pericolosi come scarpe o ossa. Il tuo cane potrebbe iniziare a credere di ricevere un premio quando inizia a masticare una scarpa!

Si dovrebbe anche giocare con il valore del cibo, fornendo di tanto in tanto qualcosa di minore, come le crocchette, e a volte qualcosa di delizioso come il pollo. In linea con la forma periodica di ricompensa, date spesso un semplice incoraggiamento o una grattata invece di un bocconcino.

È il momento di praticare la "condivisione" in vari luoghi, come altre stanze della casa, in giardino e anche quando si è in giro.

Quando dai l'ordine, inizia a spostare anche la tua posizione, in modo da non essere direttamente davanti al tuo Golden. Questo è particolarmente importante in circostanze di emergenza, perché vuoi essere in grado di dare l'ordine da lontano, per esempio, se pensi che qualcosa di pericoloso sia stato raccolto nel cortile.

Essenzialmente, in qualsiasi momento e in qualsiasi modo tu possa, cercherai di incorporare questa azione, indipendentemente dal fatto che sia nel periodo di addestramento assegnato. Più sono gli scenari in cui il cane impara, migliori sono le azioni che può imparare.

Tuttavia, una cosa che rimarrà costante e non cambierà mai è l'ordine esatto in cui parlate. Se continuate il vostro esercizio dicendo 'dare' ma poi lo cambiate dopo in 'calciare', il vostro cucciolo probabilmente si arrabbierà e non saprà cosa fare dopo. Qualsiasi cosa tu dica, non importa, basta che tu continui a fare le cose nello stesso modo.

Quanto tempo ci vuole per la formazione?

Il tempo necessario per insegnare efficacemente al Golden a "dare" può variare da cane a cane, con cani più giovani e più saggi in grado di abbracciare il tratto anche più velocemente delle loro controparti più anziane.

Se addestrate regolarmente il vostro cucciolo - che è quello che ci aspettiamo ogni giorno per un breve periodo di tempo - vedrete dei miglioramenti in poche settimane.

Sappiate che se il vostro cane capisce l'atteggiamento corretto, non significa che il ciclo di addestramento è finito, solo che dovete passare alla modalità di mantenimento. Questo significa "mandare" le prove in diverse impostazioni, e maneggiarle raramente quando sono conformi.

La continuità è importante Come sempre in ogni forma di addestramento dei cani, la continuità è sempre il segreto del successo.

Abilita solo quindici minuti di preparazione ogni giorno, che puoi dividere in intervalli più brevi di circa cinque minuti ciascuno e usare tutto il giorno. La maggior parte dei cani può gestire più di questo, ma altri possono fare fatica per soli 5 minuti alla volta - ascolta sempre il tuo cane e adatta l'addestramento alle sue esigenze e ai suoi punti di forza.

Per quanto riguarda l'addestramento di base dell'ordine di "invio", si raccomanda sempre qualcosa nell'ordine di 10 ripetizioni al giorno. Naturalmente, durante una sessione di preparazione non è necessario farlo dieci volte - spesso, le occasioni di esercizio si presentano più volte in un giorno a causa del desiderio dei Goldens di mettere le cose in bocca!

Esagera sempre con l'esercizio e cerca anche di smettere prima che il cane si esaurisca o si distragga - questo farà in modo che sia pronto a tornare in pista la prossima volta, piuttosto che arrabbiarsi per dover lavorare di nuovo.

I cuccioli e i cani più giovani di solito hanno periodi di concentrazione molto più brevi di quelli più vecchi, quindi cambia la routine di esercizio di conseguenza.

Agisci alla velocità del tuo cane Con il tuo Golden Retriever non ha mai senso affrettare l'esercizio. È una maratona, non uno sprint, e i risultati positivi sono lenti e costanti. La pazienza è decisiva!

Se sei preoccupato che il tuo cane non lo capisca o che sembri non capire quello che gli hai già detto, basta tornare ai passi precedenti e ripeterli. In questo caso, si tratta di usare caramelle di valore superiore e giocattoli da masticare di valore inferiore. Non mostrare mai la tua rabbia o il tuo disappunto con il tuo cane perché questo semplicemente lo farà arrabbiare e potrebbe abbatterlo ulteriormente. Loro sono felici di compiacerti, quindi rendi lo studio e l'essere efficace il più facile possibile.

Dare' in caso di emergenza Idealmente, il cane dovrebbe essere ben versato in questa fase nell'abbassare qualsiasi cosa sia nella sua bocca fino a quando non vi sentono dare il segnale. Idealmente, si cerca di portarli al punto in cui anche se non si sono esercitati a rimuovere, per esempio, una lama da barba che hanno raccolto nel bagno, lo faranno perché capiscono l'ordine e si rendono conto di quale sia la loro azione. Ma non viviamo in un ambiente perfetto, perché a volte il cane non vuole necessariamente rinunciare a ciò che ha in mano - o forse semplicemente non sa cosa ha in mano. Immaginiamo di vedere il vostro cane che tiene in bocca un paio di ossa di pollo che ha preso di nascosto dalla spazzatura mentre preparava la cena.

Se non cadono quando vuoi, perché sei preoccupato per la moltitudine di rischi di soffocamento, potresti aver bisogno di fare leva sulle loro mascelle delicatamente per far uscire le ossa. Questo può essere rischioso, può favorire la violenza e persino la protezione delle proprietà nel tuo cane ed è destinato solo alle emergenze. Va da sé che è qualcosa che solo gli adulti responsabili possono fare.

Per prima cosa, assicurati di agire in modo rapido e deciso - non dare tempo al tuo cane nella tua riluttanza a ingoiare qualcosa. A volte fai pressione sulla parte superiore e inferiore della bocca del cane, premendo le labbra contro i denti. A questo punto, il vostro cane aprirà la bocca di riflesso per non farsi male o mordersi le labbra. Dovrai quindi o inclinare la sua testa per estrarre l'oggetto, o estrarlo tu stesso velocemente.

Quando l'oggetto non c'è più, continuate a premiare e maneggiare il cane in modo che l'incontro non lo danneggi.

Se temete che il vostro cane sia troppo violento per recuperare un oggetto in modo sicuro in situazioni di emergenza, dovreste chiedere consiglio al vostro veterinario o a un esperto di comportamento.

Suggerimenti generali per l'addestramento Ecco alcune linee guida per sessioni di addestramento efficaci che possono anche aiutare con l'ordine 'dare' e altri.

- Esercitati con calma in un posto dove hai la piena attenzione del tuo cane - soprattutto nelle prime fasi. Vuoi essere sicuro che si concentri e non si lasci sopraffare.

- Tieni un volume basso, delle dimensioni di un pisello, di entrambi i bocconcini per evitare una sovralimentazione.

- Se alcuni bambini sono interessati all'addestramento dei cani, assicuratevi di seguirli sempre da vicino e di essere molto attenti a qualsiasi comando legato alla bocca, come "invia".

- Mantieni il tuo tono e la tua voce leggeri e accoglienti, e assicurati che non sembri che il tuo cane venga punito. Dopo tutto, è colpa tua se il tuo cane non capisce un ordine, non sua!

Come insegnare a un Golden Retriever a venire a comando

Addestrare il Golden Retriever a venire a comando Sicuramente i Golden Retriever sono in grado di imparare molti trucchi e comandi. La maggior parte sono puramente per il piacere e l'arricchimento. Per te, l'utente, altri sono questioni di convenienza. Ma per una sana amicizia con il vostro cane, ce ne sono alcuni che sono completamente necessari. Ognuno di questi arriva su ordinazione.

Naturalmente, chiamare il cane e vederlo correre verso di te (o trotterellare felicemente, se è un po' più vecchio o più paffuto) è gratificante. Quel bel musetto viene con te - è questo che rende la proprietà dei cani così perfetta!

Questo ordine ha anche questioni essenziali relative alla salute e alla sicurezza. Un cane che risponde bene al "vieni", anche se non vuole necessariamente farlo. Perché è importante?

Immaginate di portare a spasso il vostro Golden e che qualcosa, come uno scoiattolo o un altro cane, catturi il suo occhio. Poi si affretta e ti strattona la mano con la corda! Volete che il vostro cane torni subito da voi, prima che si metta nei guai o causi problemi.

Alcuni di questi esempi includono: - Aprire la porta accidentalmente - Cadere qualcosa di pericoloso sul pavimento - Essere troppo a proprio agio con un umano non cane Per troppe ragioni, "giocare" sarà uno dei primi comandi del vostro Retriever da padroneggiare.

Come voglio continuare a chiedere al mio cane di venire?

Il momento più facile per incoraggiare il cane a venire a scuola è quando è un cucciolo. L'istinto intrinseco di un cucciolo è quello di seguirti ovunque tu vada, quindi perché non approfittarne?

La cosa divertente è che il cane potrebbe essere così vicino a te, che potresti aver bisogno di qualcun altro per tenerlo indietro mentre tu vai abbastanza lontano per prenderlo!

Preparare il Golden Retriever per un addestramento di successo Uno dei motivi principali per cui un cane può non venire quando lo chiami è che è fuori dal guinzaglio a fare qualcosa di divertente. Si rende conto che gli metterai il guinzaglio e il gioco è fatto. La risposta è semplice: divertiti con il tuo cane al guinzaglio quando corre.

Andando in giro e giocando con il tuo cane al guinzaglio e visitando bei posti, può equiparare le emozioni positive al guinzaglio, e capire che stare con te non significa necessariamente che il divertimento stia per finire. Quindi, sentirsi dire "vieni" mentre si gioca fuori dal guinzaglio non sarà una garanzia istantanea che il gioco è finito.

Assicuratevi che questa attività sia continuata e che il cane non equipari il guinzaglio a fare i bagagli e tornare a casa.

Si sforzerà sempre di smettere di usare "venire" come ordine quando sta per succedere qualcosa che il cane considera inaccettabile.

Se il tuo Golden sa che "andare" spesso si riferisce alla punizione per essere stato cattivo, al taglio delle unghie, alla droga, o a qualcosa che non vuole, sarà prevedibilmente esitante a smettere di fare qualcosa di divertente per vedere cosa vuoi tu. È meglio che compriate il vostro cane e lo portiate dove avete bisogno che vada per queste cose.

Fin dall'inizio Il posto migliore per continuare l'addestramento del cane a venire è in casa tua. È l'ambiente che puoi controllare meglio e con cui il tuo cane ha più familiarità. Questo eliminerà le distrazioni e incoraggerà il tuo Golden a concentrarsi su di te.

Iniziare con una preparazione molto informale può essere necessario, e attraente. Il vostro cucciolo, come ho detto prima, è in realtà la vostra seconda ombra nella sua vita a questo punto. Sfrutta al massimo il tuo "magnetismo animale" chiedendo al tuo cucciolo di "venire" mentre lo fa comunque.

Così facendo, si cerca di abituare il cane all'ordine delle parole. Proprio come si dovrebbe fare in un colloquio formale, date un incoraggiamento man mano che vi colpisce. Dopo un po', sarà ben addestrato per il punto successivo, quando sarete meno una sorpresa per il vostro cucciolo.

Addestramento del cane Inizio facile: siediti e allontana il tuo cane. Se non ha intenzione di stare fermo, lascia che qualcuno lo tenga fermo. Con un bocconcino in mano (anche se un cucciolo d'oro eccitato non ha bisogno di un bocconcino, impostare presto le procedure di addestramento è un bene), accovacciati in basso e ricorda al cucciolo di "venire" con una voce educata e allegra, tenendo fuori il bocconcino in modo che sia evidente.

Quando il cane inizia a scendere, come quasi sicuramente farebbe, fornisci un sacco di feedback positivo e di incoraggiamento. Informalo se è una brava ragazza o un bravo ragazzo prima di giocare con la ricompensa. Se qualcosa lo distrae lungo la strada, evitando di festeggiare, prima che torni nella tua direzione.

Quando questo compito è stato svolto con successo, rilasciate il cane per un breve periodo per farlo andare per i fatti suoi. Annullare il ciclo mentre la mente del cane è ancora giovane. Potresti voler eliminare gradualmente i bocconcini dopo molti successi, o darli solo per l'esecuzione esemplare dell'ordine.

Portarlo all'aperto Per molti cani, è più impossibile affidarsi agli ordini del padrone quando sono all'aperto. I grandi spazi aperti sono solo tante distrazioni divertenti!

Naturalmente, come addestratore, hai bisogno che il tuo cane si adatti quasi altrettanto bene, se non meglio, ai tuoi comandi all'esterno che all'interno. All'interno, ci sono più possibilità di problemi, compresi gli incontri con cani poco amichevoli, la natura e il traffico.

L'addestramento al guinzaglio è sicuramente il modo più semplice per insegnare al cane a venire: non solo incoraggia una corretta etichetta del guinzaglio, ma aiuta anche a controllare la mobilità del cane, se necessario.

Addestramento rapido al guinzaglio Il tuo cortile è il luogo in cui vuoi praticare l'addestramento al guinzaglio. È un ambiente confortevole e un'area sicura per il tuo cane. Forse ci sono solo abbastanza sfide per un esercizio di successo, ma non ci sono nemmeno grandi rischi.

- Passo 1: Attacca il tuo collare d'oro a un guinzaglio. Utilizzando una normale corda da passeggio in lunghezza; fai circa sei piedi.

- Fase 2: tenere l'estremità del guinzaglio, dare l'ordine "vieni" e poi iniziare ad andare indietro rapidamente.

- Mossa 3: Continua all'indietro prima che il cane ti prenda. Dovresti monitorare quanto tempo ci vuole, ma non metterci troppo a capirlo.

- Mossa 4: Dare un incoraggiamento breve ma positivo mentre il cane si avvicina.

- Mossa 5: concedersi un lavoro ben fatto.

Ripetere questi esercizi più e più volte rafforzerà la lezione nella memoria del tuo Retriever, e aiuterà a sviluppare forti capacità di guida. Il tuo cane capirà che vedere quello che stai facendo fa parte di una piacevole passeggiata, piuttosto che portare il cane dove ha bisogno.

Addestramento alla linea lunga Se il cane sembra aver imparato l'ordine al guinzaglio corto, il passo successivo è il tempo. Una corda lunga, una corda o un guinzaglio retrattile permettono al cane di correre più facilmente, il che aumenta il grado di difficoltà per l'addestramento dei comandi.

Vorrai usare una corda di circa 20-30 piedi di lunghezza. Se il tuo cortile è troppo lungo, vedi se hai un amico o un parente con un cortile più grande che ti lascerà praticare lì. In caso contrario, cercate di trovare un posto isolato lontano da tanti animali ed esseri umani. (Suggerimento: i campi da tennis all'aperto recintati sono luoghi perfetti per esercitarsi quando le reti stagionali sono messe via!)

- Passo 1: Fissare la cintura lunga sul colletto.

- Passo 2: Chiedi al tuo assistente (il passo 1 presumibilmente sarebbe stato: trova un assistente) di stare dietro al tuo Golden e di tenerlo stretto sul petto del cane con le sue zampe.

- Passo 3: Dai al tuo cane un bocconcino. Tienilo davanti al muso del cane ma non abbastanza vicino per afferrarlo. Dire cose come: "Cos'è questo? "Oppure" Sto ricevendo una delizia! " per preparare il cane con una voce entusiasta.

- Fase 4: Correre una breve corsa e ordinare "vieni". Se è necessario, date supporto ma non ripetete l'ordine. Il vostro cane deve sapere che ha solo una possibilità di fare le cose bene!

- Passo 5: Quando il cane arriva da voi, date un incoraggiamento breve e positivo.

- Passo 6: dare al cane un pasto gourmet.

Come in tutti gli insegnamenti, la ripetizione è il segreto per padroneggiare un ordine. Tuttavia, si faranno dei tentativi regolari a lunghezze sempre maggiori con la corda lunga. L'obiettivo è lasciare che il cane percorra tutta la lunghezza del guinzaglio senza voltarsi.

Cambia la sfida Tenta di renderla ancora più impegnativa aggiungendo degli ostacoli quando la disciplina del guinzaglio lungo sembra essere quasi padroneggiata. Perché dovresti voler confondere il tuo cane complicando di proposito l'addestramento?

L'obiettivo finale dell'addestramento del cane a venire a comando è quello di fargli rispondere a te indipendentemente dalle circostanze. Per arrivarci, dovrai impartire un'istruzione che si avvicini il più possibile agli scenari della vita reale.

Sembra la Forza, vero? Beh, non è un brutto modo di vedere la cosa: il tuo cane è un amico, compagno di giochi e membro preferito della famiglia, quindi quando viene dato un ordine, deve comportarsi come un buon soldato!

Continua a fare la disciplina al guinzaglio lungo, ma ora usa il tuo assistente come diversivo (che merita sempre una ricompensa!). Lascialo giocare all'interno del campo visivo del cane con un disco, o con un altro animale domestico. Quando incontri qualcuno con un cucciolo ben addestrato, portalo nel gruppo.

All'inizio queste sfide aggiuntive potrebbero essere troppe per il vostro cucciolo, ma perseverate e presto sarete tutti sulla buona strada per l'addestramento fuori dal guinzaglio.

Pausa, poi c'è di più!

Prima di arrivare al parco per cani, comunque, vorrete provare l'addestramento al guinzaglio lungo, se ce n'è uno nella vostra zona, o qualche altro luogo dove i cani possono correre liberamente. Se non ce n'è uno, o non hai intenzione di visitarlo, passa comunque direttamente alla fase successiva.

Anche se avete intenzione di visitare siti come questo, la preparazione è raccomandata prima di lasciar correre il vostro cane. (Io l'ho fatto, nella mia ingenuità: imparate dal mio errore!) Se il vostro Golden seguirà costantemente l'ordine quando visiterà la controparte canina del Magic Kingdom, avrete raggiunto il 100% di padronanza.

Addestramento fuori dal guinzaglio: Il gioco in casa Solo perché il tuo Golden è ora esperto nell'ordinare al guinzaglio, questo non significa che gli stessi risultati si verificheranno senza alcun guinzaglio attaccato.

Il tuo cane ha presto scoperto di avere quel controllo quando non è al guinzaglio. Pensaci: va in giro per casa tutto il giorno (tranne quando è in gabbia), e probabilmente può anche uscire e fare i suoi bisogni senza guinzaglio, e magari passare un po' di tempo libero in giardino.

Tutto questo significa che obbedire all'ordine fuori dal guinzaglio non può sperimentare la stessa quantità di coercizione di quando è legato. Questo ovviamente deve adattarsi.

Iniziate l'istruzione del "vieni" fuori dal guinzaglio ai limiti del vostro cortile. Quando il cane corre all'impazzata, è lì che è più insicuro e si vogliono attenuare i fattori di pericolo.

Essenzialmente, stai facendo le stesse azioni che con il guinzaglio lungo, solo che, chiaramente, non c'è nessuna corda. È così facile!

Se il tuo cane sembra perdere la concentrazione, potresti aver bisogno di regredire un po'. Fai un mezzo passo indietro (in senso figurato), e considera di usare un filo molto leggero, come un sottile anello di corda di nylon. Questo ti darà più leva ma non ti spingerà subito al peso di un guinzaglio lungo.

Ritorno al parco Ora il test definitivo: parco giochi fuori dal guinzaglio. Se hai imparato qualsiasi altro livello di addestramento, il tuo Golden sarà pronto. Tuttavia, non lasciare mai che il cane scappi immediatamente tra la folla. Continua le attività di addestramento fino a quando la risposta è soddisfatta.

Se al cane è permesso di mescolarsi, chiamatelo per un controllo all'occasione. Così facendo, festeggiandolo e poi rilasciandolo di nuovo, sottolineate che ascoltare un ordine in arrivo non significa che la festa è finita.

Combinazioni avanzate Cambiare i tempi sarà utile per mantenere il cane stimolato e divertito.

Cerca di dirigersi in un'altra stanza prima di dare l'ordine, mentre impara ad arrivare a casa agli ordini. Il tuo cane amerà la sfida di cercare di trovarti, perché quando non sei a portata, saprai quanto bene sta facendo il cane. Continua gradualmente ad accendere e spegnere, mentre il tuo cane migliora nel gioco.

Dovresti farlo anche fuori. Copriti o nasconditi dietro un albero e lascia che il tuo cane ti trovi. Assicurati di essere molto eccitato quando torni, e prenditi un po' di tempo prima di andare a fare un altro giro per indulgere in qualche azione esuberante.

Risoluzione dei problemi e suggerimenti per l'addestramento Nessun ciclo di addestramento è mai completamente semplice, ma qui ci sono alcune idee per aiutarti a vincere qualsiasi sfida che tu e il tuo Retriever possiate incontrare.

Prenditi il tuo tempo Roma non è stata fondata in un giorno, né il Rover è stato educato in uno. In generale, l'apprendimento della venuta inizia molto presto, quando un cucciolo non ha imparato altro. Ogni cane è speciale, quindi è difficile prevedere all'inizio quanto tempo ci vorrà per inchiodare questo ordine nel tempo. Fai attenzione, perché il tuo cane sta imparando al suo ritmo. Non preoccuparti: ci arriverai!

Tenere indietro le chicche Un trucco utile è quello di ritardare la ricompensa per motivare un cane che non viene automaticamente. Se il tuo cane si allontana quando dovrebbe tornare, perché non c'è un guinzaglio su cui fermarlo, dovrai attirare la sua attenzione perché ripeti l'ordine.

Quando il tuo cane viene, offrigli amore e fagli vedere la ricompensa, ma non dargliela. Dai il bocconcino quando esegui l'ordine senza esitare. Il tuo cane dovrebbe venire subito facilmente se vuole una deliziosa ricompensa.

Mai Disciplinare le perdite Questo comando è molto impegnativo; potrebbe essere davvero il comando più importante. Stando così le cose, è normale che a volte ti irriti se il tuo Golden non risponde.

Attinga la forza su tutte le risorse interne e ricominci di nuovo. L'ULTIMA cosa da fare è arrabbiarsi con il vostro cane se non viene quando lo chiamate. Perché? Per quale motivo?

Ok, se siete stati sgridati quando siete andati da qualcuno che vi chiamava, verrete la prossima volta volentieri? Essere arrabbiato con il tuo cane è un buon modo per assicurarsi che consideri due volte prima di ascoltare la tua convocazione.

Non lanciare involontariamente un gioco Puoi essere tentato di fare un passo avanti se il tuo cane non viene quando lo chiami. Forse accorciare un po' lo spazio a disposizione potrebbe indurlo a venire?

Lo stesso può essere vero, purtroppo. Man mano che il vostro cane si avvicina potrebbe voler andare più lontano. E se continuate ad avvicinarvi, beh, avete ovviamente iniziato un gioco di "caccia" amichevole che potrebbe in qualsiasi momento trasformarsi in "prendimi se ci riesci".

Quando ti allontani un po', il tuo cane è molto più propenso a tornare vicino a te. Questa campagna deve attirarla. In caso contrario, basta agitare un po' il bocconcino e si spera di ottenere il risultato desiderato.

Rafforzare l'istruzione spontanea Nei primi giorni di insegnamento dell'ordine "vieni", qualsiasi lezione improvvisata può essere utile da provare. Invece di una pratica regolare nell'addestramento, cerca di incoraggiare il cane a venire per una causa diversa da una ricompensa data.

Cerca di far entrare il cane, poi porta il guinzaglio fuori per una passeggiata. Se obbedisce all'ordine, bene! Infilati il guinzaglio e fai una meravigliosa passeggiata!

Se, tuttavia, non c'è risposta, esponi il guinzaglio ma poi mettilo via. Se il tuo cane si diverte a passeggiare, il fatto che il guinzaglio sia uscito sarà sicuramente ricordato, ma non c'è stata nessuna passeggiata.

Cerca di nuovo la stessa cosa, un po' più tardi. Non ci vorrà molto per creare il legame tra il venire al comando e l'accadere di qualcosa di positivo. Se il tuo cane ama andare nel bagagliaio, puoi fare lo stesso con il tintinnio delle chiavi dell'auto.

Non premiare il cattivo comportamento L'unica ricompensa per aver rispettato l'ordine è essere autorizzati a stare fuori dal guinzaglio in qualsiasi posto che non sia la casa o il cortile del cane. Tuttavia, se il cane non è in grado di lavorare fuori dal guinzaglio come sopra, è necessario rimuovere immediatamente i suoi diritti.

Se il cane non va subito al parco, agisci per riportarlo al guinzaglio. Anche se potresti essere tentato di dargli una seconda possibilità, non lasciarlo di nuovo senza guinzaglio finché non ha avuto un po' di tempo a casa per riaddestrarlo.

Se si è tornati alla conformità assoluta, allora si può tornare al divertimento. Incoraggiando il tuo cane ad avere lo stesso grado di indipendenza anche se non viene su comando, le stai mostrando che può cavarsela con la cattiveria e tuttavia divertirsi.

Gli occhi ce l'hanno Uno dei migliori consigli è infatti uno dei più semplici per una preparazione efficace. Coinvolgere il cane il più possibile. Una cosa semplice come ridere o dire "ciao" con voce educata può essere un forte motivatore quando il cane cattura la tua attenzione.

Se ti vede come un umano divertente con cui stare, e hai sviluppato una relazione tra voi due, il tuo cane sarà molto più propenso a venire quando lo chiami.

Come addestrare al vasinoun Golden Retriever

Ci sono quattro metodi proprietari comuni di addestramento in casa:

1. Esercizio della cassa

2. Formazione su carta

3. Costante-vigilanza

4. Preparazione cavo-ombelicale.

Molte persone aderiscono a una sola forma, mentre altre usano diversi metodi come mix per adattarsi meglio al loro stile di vita.

Professionisti dell'addestramento della cassa

- L'addestramento in cassa richiede il dna selvaggio del cane per non uccidere dove dorme. Non c'è bisogno di reinventare la ruota usando questo impulso innato del tuo favore.

- Lavorare con la cassa ti dà un po' di riposo. Non dovete abbagliare il cane mentre è nella gabbia. Quindi vai a fare il tuo bagno di bolle senza dover rischiare un incidente!

- La gabbia ha il vantaggio in più di far uscire il cane da qualche guaio del genere mentre non puoi guardarlo, come mangiare le piante d'appartamento.

- L'addestramento in cassa assicura che non ci siano pasticci nel bucato al chiuso e che non ci siano odori di vasino al chiuso che causino un comportamento ripetitivo fino a quando l'odore non viene eliminato.

Svantaggi dell'addestramento in gabbia

- La ragione più grande per cui l'addestramento della cassa non sarebbe utile è perché il cane ha una storia di abbandono in cui la cassa è stata usata per lunghi tratti di tempo per confinarli. Quando i cuccioli sono condizionati a vivere nella loro stessa sporcizia, non hanno questo desiderio innato di disinfettare le loro casse.

- L'addestramento in gabbia non dovrebbe essere usato se il tuo cane è malato o soffre di una condizione medica che gli rende difficile aspettare di essere rimosso. Il tuo cane non dovrebbe sdraiarsi sulla tua lettiera sporca!

- Se usi l'addestramento alla cassa solo per tenere il tuo cucciolo per lunghi periodi di tempo, puoi equipararlo a cose brutte, come la solitudine. Assicurati di trattare la cassa con saggezza e che il tuo cane combini calore e cose belle come il cibo con la cassa, non solo essere lasciato indietro.

Chi farà la scuola Crate?

L'addestramento in cassa è meglio per te se hai bisogno di tempo in cui non controlli il tuo cane, ma sei comunque disponibile a farlo uscire regolarmente.

Se lavorate fuori casa per molte ore, avrete bisogno di qualcun altro che faccia uscire il vostro cucciolo durante il giorno, oppure usate l'approccio dell'addestramento con la carta per evitare che il vostro cucciolo aspetti a lungo tra le pause.

Apprendimento fisico La preparazione fisica insegna al cane a camminare sulla carta o sui tappetini per cani fino alla toilette. Ti aiuta a decidere dove fare la pipì per il tuo cucciolo.

Iniziare a posizionare il cucciolo in una piccola area della casa per una pulizia rapida con pavimento in piastrelle. Se non hai uno spazio adatto, puoi usare anche delle box per cuccioli.

Quando ha capito, dovresti iniziare a rimuovere gradualmente il libro, iniziando dal materiale più vicino al cuscino. Mettete un piccolo foglio di carta leggermente sporca se avete intenzione di finire di graffiare il vostro cucciolo. Segue l'idea che i cani vogliano fare a meno di dove hanno accarezzato i loro affari passati.

L'obiettivo è far sì che il cucciolo impari ad andare solo sulla carta. Se desiderate che il vostro cucciolo venga finalmente portato fuori, dovrete spostare la carta gradualmente verso la porta e poi portare un po' di carta fuori.

Dovresti sbloccare la porta mentre il cane entra sul libro, e farli andare fuori sul libro. Poi tagliate la carta interna lentamente prima che si dirigano verso la porta e usate solo la copia esterna.

Pro dell'apprendimento su carta

- Una delle strategie più semplici per eseguire l'addestramento al vasino.

- L'insegnamento della carta aiuta il cane ad avere ancora un posto dove fare i bisogni, il che è comodo se non si può tornare a casa e farli uscire.

- Quando vivi in un appartamento buio, nevoso o piovoso, il tuo cane ha un'alternativa di vaso al coperto.

Svantaggi della formazione su carta

- Se il vostro obiettivo è quello di far eliminare il vostro cucciolo all'esterno, l'addestramento su carta che ritarda l'addestramento in casa perché il vostro cane è addestrato prima ad andare dentro casa e poi dovete ri-addestrarli essenzialmente.

- Hai anche un sacco di pasticci puzzolenti da spazzare.

- Il cane equiparerà ancora la carta al vasino e non vi sarà permesso di far cadere il giornale sul pavimento vicino al divano o potreste notare eventuali storie fresche sgradite.

Chi dovrebbe usare l'insegnamento sulla carta?

Se non sei in grado di far uscire il tuo cucciolo durante la giornata lavorativa, l'addestramento su carta potrebbe essere più adatto a te. L'addestramento su carta permette al tuo cane di avere spazio per giocare e allo stesso tempo lo incoraggia ad allontanarsi senza che i genitori debbano interferire.

Inoltre, se vivete in un appartamento e non potete portare rapidamente il vostro cucciolo all'aperto, o fare pratica durante il tempo inclemente, potrebbe essere la vostra migliore idea quella di esercitarlo sulla carta.

Addestramento costante L'addestramento costante garantisce che non taglierai mai le zampe al tuo cucciolo. Sai come capire se deve andare a cagnolino, e prendi il tuo bimbo peloso e lo porti al suo posto nel cortile al minimo indizio di girare in tondo o annusare.

Questa tecnica di insegnamento richiede un controllo molto rigoroso ed è ideale anche per i proprietari più attenti. Quando il tuo cane sgattaiola fuori e commette un errore domestico, questo rimetterà il tuo addestramento a settimane perché conferma nella mente del tuo cane che rientrare in casa è un'idea meravigliosa.

Pro dell'apprendimento a supervisione costante

- Il cane ha molta indipendenza, e tu sei lì per ogni passo che fa.

- Non è necessario acquistare alcuna attrezzatura per l'allenamento in casa.

- Va bene se non volete ingabbiare il vostro cane, anche se avete un animale che ha paura degli spazi ristretti, anche se il vostro animale si ammala nella sua gabbia.

Contro all'apprendimento con supervisione costante

- Vedere un cane in continuazione è frustrante. Se ti giri per un secondo - e lo farai - il tuo cucciolo scivolerà via e farà un errore in casa.

- Questo approccio può richiedere più tempo dell'istruzione sulla cassa. Ogni volta che dimenticate i segnali del vostro cucciolo di usare la toilette, quando entra in casa, questo fa tornare indietro l'addestramento.

- Durante il periodo dell'housebreaking, bisogna avere la pazienza di dedicare il vostro cucciolo in modo assoluto o vi ritroverete a pulire un sacco di pasticci sul vostro tappeto.

Chi potrebbe usare la formazione sulla sorveglianza continua?

Se hai molto tempo da dedicare interamente all'ultima funzione, l'addestramento con supervisione costante può essere migliore. Durante il periodo di addestramento al vasino sarai sempre a casa.

Aiuta anche ad avere un temperamento iper-vigile, e ad essere in grado di interpretare i segnali di un cane e impostare una routine quotidiana per prevedere il bisogno dell'animale di fare i bisogni prima che li faccia.

Preparazione del cordone ombelicale Questa tecnica è un cambiamento della tradizione del monitoraggio continuo.

Durante il suo primo minuto di veglia, stai ancora seguendo il tuo cucciolo e usi una corda di due metri per tenerlo legato a te.

Poi si guarda per i segni che il cane vuole andare e lo si riprende.

L'imbracatura offre una protezione extra in modo che il cane non sia tentato di sgattaiolare e usare la toilette segreta.

Professionisti dell'addestramento del cordone ombelicale

- Hai solo bisogno di un guinzaglio per continuare l'esercizio, e allo stesso tempo puoi insegnare al tuo cane a camminare lungo la linea.

- Il cane ha l'addestramento e la socializzazione che viene con il seguirti ovunque.

- Puoi facilmente svilupparti come capobranco e formare un legame stretto, mentre dirigi ogni mossa del tuo cucciolo.

Svantaggi dell'apprendimento del cordone ombelicale - Terrete ancora il vostro cane legato a voi, il che può essere difficile.

- Si corre sempre il rischio di lasciare il cucciolo al guinzaglio quando non si è in casa. Se viene travolto, può essere rischioso.

- Dovete essere sicuri di portare il vostro cane con voi ovunque, perché non può essere lasciato in casa per paura di fare un errore.

Chi allenerebbe il cordone ombelicale?

Se vuoi un addestramento di monitoraggio continuo ma vuoi la protezione aggiuntiva di non perdere le tracce del tuo cucciolo, allora l'addestramento con il cordone ombelicale potrebbe essere una scelta più sicura. Di nuovo, devi essere in grado di tenere il tuo cane con te ovunque tu vada.

LINEE GUIDA SPECIFICHE PER TUTTI I METODI DI APPRENDIMENTO

È importante seguire alcune regole di base, indipendentemente dalla tecnica di insegnamento che si usa.

1. Il tuo cucciolo non eradica i dispetti in casa. NON personalizzare questa operazione.

2. Tenete presente l'età del vostro cane. Intorno alle 8 settimane la maggior parte dei cuccioli dovrebbe sopravvivere due ore. Questo tempo si estende a tre ore a 12 settimane. Intorno alle 16 settimane, i cuccioli aspetteranno le pause per il vasino fino a quattro ore.

3. Non è vantaggioso disciplinare un cucciolo quando si nota il disordine, e rovinare la vostra relazione. Se ti accorgi di un disordine, pulisci e basta. Non usare strategie antiquate come strofinare la faccia del tuo cane.

4. I cuccioli corrono secondo l'orario. Prevedete i loro desideri attenendovi alla stessa tabella di marcia e preparateli al successo.

5. I cuccioli fanno i bisognini dopo un lungo sonnellino, dopo un pasto e dopo una divertente sessione di gioco. Avranno ancora bisogno di uscire la mattina e poco prima di dormire, come prima cosa.

6. Quando ha bisogno di andare, il cane può inviarvi dei segnali come scappare da voi, camminare, annusare o accovacciarsi.

7. I cuccioli hanno una propensione ad attaccarsi alla stessa posizione in cui hanno sporcato prima. Questo va bene quando è nella zona giusta del vostro cortile, ma non così bene quando arriva al tappeto persiano. Se si verifica un incidente in casa, per fermare un recidivo è necessario eliminare ogni traccia dell'odore.

8. Premiare il cane per correre in bagno dove piace a voi. Quando li trova nel punto sbagliato durante un errore, confondeteli e poi prendeteli e portateli nel posto giusto per fermarsi.

9. Dire il termine "Potty" quando il cane inizia a correre verso il bagno esterno per primo. Continuano a equiparare il termine con la continuità. Dovreste dirgli, quando sono più grandi, "Vai a fare il vasino! Questo insegna al cane dove e come volete che vada".

Anche se nessuna esperienza di addestramento al vasino è mai impeccabile, con il giusto livello di disciplina, persistenza e incoraggiamento, la maggior parte dei cuccioli capisce presto cosa deve fare.

Il modo più semplice di allevare un cane per te potrebbe essere quello di aderire a una strategia o usare diverse strategie per realizzare idealmente un animale domestico addestrato in casa.

Tu e il tuo cucciolo troverete il perfetto equilibrio tra un cane ben educato e un tappeto persiano non sporcato con un po' di incoraggiamento e molto affetto!

Conclusione

Insegnare al tuo Golden Retriever non dovrebbe essere un'alternativa, essere un buon genitore e fare ciò che è meglio per il tuo cane è un must e parte di questo.

In effetti è un investimento di tempo e denaro. E dovrai stare attento e rispettare un programma. Quindi sì, avrai sicuramente bisogno di allenarti ad una nuova serie di abilità.

Ma voi avete il dovere di insegnare loro e di condurli attraverso la vita nel miglior modo possibile per dare al vostro Golden la più bella e piena vita possibile.

Con un cucciolo ben addestrato dovresti essere in grado di goderteli al massimo e quindi di ottenere il meglio dalla vostra vita insieme. Dopo tutto, questo è quasi sicuramente il motivo per cui ti sei preso un Golden da cucciolo, per passare più tempo con un cane carino e intelligente. Ecco perché è così importante addestrare il Golden Retriever